改訂第三版

Finance

財政学

青木一郎著

学文社

はじめに

　本書は，はじめて日本の財政を学ぶ学生諸君を対象とした，日本財政についての講義およびゼミナールにおける初歩のテキストとして，用いられることを念頭に書かれたものである．

　はじめて財政を学ぶ学生諸君の中には，財政と聞いただけで，「国のお金（税金など）をどう使うかは重要だろうが，われわれ個人には関係がない」との印象をもつ人もいるかもしれない．しかし現実に，私たちの日常は，多くの場面で，財政とかかわっている．例えば，知人の家へ出掛ける時，我々は，様々な交通機関（自動車や鉄道）を利用する．これら交通機関の多くは財政によって支えられて機能している．また，病気や怪我をした時にかかる医療費も財政によって支えられている．さらに，税負担についても，ひとたび社会に出たならば，消費税以外に，所得税，地方税等を支払うことになる．本書は，読者が，このような現実をまずは知り，財政を少しでも身近に感じて，その上で財政について理解を深め，さらにこれから財政がどうあるべきかを，財政学の視点から考えるきっかけを得ることを目標としている．

　このような目標の下，本書は，「財政の機能（財政の役割，なぜ財政が必要か）を理解すること」から始まり，「財政とその見積もりである予算とはどのようなものか」および「予算運営がいかにあるべきかを考える基礎的な視点」そして「歳出（政府の支出）」「歳入（政府の収入）」についての，内容が示され，それに続き，「乗数効果を通して財政が景気に与える影響」および「財政のあり方を考える上での，その方向性の基礎，および租税原則の意義」に言及している．

　本書の執筆にあたっては，大学院生時代より，公私にわたりご指導を賜って

きた東京富士大学名誉教授・速水昇先生から，大変に貴重なご指導を頂戴した．
そのことについての感謝の気持ちは，言葉では表せないほど深いものである．
心より謝意を申し上げたい．

　また，本書の執筆の機会をお与え下さり，本書を完成まで導いて下された，
学文社の田中千津子社長には，心より御礼申し上げたい．社長の万感にわたる
ご配慮がなければ，おそらく本書は出せなかったものと思う．ここに心より謝
意を申し上げたい．

　令和5年3月

青木　一郎

目　　次

はじめに

Chapter1 財政と財政の機能

◖◖◗◗ 第1節 財　政 ◖◖◗◗

　財政とは政府の経済活動である．われわれは誰しもが，自らの目的のために必要なものを購入するという経済活動（収入と支出）を行っている．そして，政府（中央政府，地方政府）によってもそれは行われている．財政とは，このような政府の経済活動およびそれに関連の深い社会を総称するものである．

　中央政府とは，具体的な組織としてとらえると，狭義では，立法（国会），行政（省庁），司法（裁判所）ということになり，広義では，政府が出資して設立した，政府関係機関，独立行政法人等も含まれる．これに対し地方政府とは，地方公共団体（都道府県および市町村）のことであり，広義では，地方公共団体が出資して設立した，地方公営企業，公社等も含まれる．

　財政，すなわち政府の経済活動には，個人や民間企業が行う経済活動と比較した時に留意すべき特徴がある．つまり個人や民間企業が行う経済活動と政府が行う経済活動とでは，次の2点において，性格が大きく異なっている．まず第1点は，経済活動の目的である．一般に，個人や企業といった民間の経済主体は，自らの効用，利潤を最大にすることを目的として，経済活動を行う．これに対し政府の経済活動は，国民の効用を最大化することが義務付けられている．

第2点は，政府は，個人や企業とは異なり，税金という，国民から徴収する財源を用いて経済活動を行っていることである．税金は財・サービスの購入に際しての対価の支払いとは異なり，提供される財・サービスと支払われる金額との直接的な交換関係がないという点に大きな特徴がある．

　そして，政府は，税金を用いて，国民のために多種多様な分野の財・サービスの提供を行っている．まずは，国防，司法，警察等，国家権力特有の分野が，世界各国に共通する分野としてあげられ，次に，道路，橋梁，港湾，空港，堤防等を建設する公共（土木）事業がある．さらに，医療，年金，生活保護，高齢者介護，幼児保育等の福祉事業なども行っている．

◖◖◗第2節　財政の機能◖◗◗

　政府の経済活動は，なぜ行われているのであろうか．すなわち，財政が必要とされる理由はどのようなものであろうか．これは，言い換えるならば，財政の存在根拠・その機能（役割，意義）を問うことでもある．

　財政には，一般に，次の3つの機能（役割）があるとされている．1．資源配分，2．所得再分配，3．経済の安定である．

1．資源配分

　すでに第1節で述べたように，財政の，個人や民間企業の経済活動とは異なる特徴は，税金という強制獲得的な性格をもつ財源を用いて国民の効用を最大にすることを目的としている点である．では，なぜこのような経済活動が行われねばならないのであろうか．この問いに対する中心的な答えの一つが，資源配分の必要性である．

　「資源配分」とは，民間企業では供給が不可能，不十分となる有用な財・サービスを，財政によって供給するということである．

　国民にとって必要な財・サービスの大部分は，個人や民間企業の経済活動によって供給される．すなわち，個人および民間企業による財・サービスの生産・販売・購入といった活動にまかせることによって，多くの必要な財・サービスが生み出され用いられている．つまり，民間の市場（個人，企業が売買についての取引をする状況の総称）を通して，有用な財・サービスが生み出される状況にある．

　この民間の市場を通して生み出される財・サービスの量は，価格を媒体として，多くの財・サービスについて，効率的である．民間企業は自らの利潤を最大にすることを目的に行動するので，常に，消費者のニーズをつかもうとしており，人々が強く求める財・サービスの生産を目指している．なぜなら，人々が求めるものを生産することは，企業が自らの利潤を最大化しようとすることに結び付くからである．

　そのような中，価格は，以下のように機能する傾向がみられる．例えば，ある財・サービスの価格が相対的に高いことは，その財・サービスについての人々の評価が，相対的に高いことを意味する．この状況下，他の企業が参入してくる可能性が高まる．市場での価格が高いことは，企業において採算をとる上で有利な条件であるからである．結果として多くの企業が，その財・サービスを生産するようになり，多くの資源がその生産に投入されることになる．逆に，相対的に価格の低い財・サービスは，人々の，その財・サービスについての評価が，相対的に低いことを意味する．低い価格の下では，その財を生産することがあまり有利ではなくなるから，その財・サービスの市場から撤退する企業が出てくる．そして，この企業は，価格のより高い財・サービスへと，生産に要する資源投入を向ける傾向になる．

　しかし，明らかに国民にとって有用でありながら，上記のような民間の市場がもつ価格メカニズム（＝市場メカニズム），つまり，上記のように価格をシグナルとする傾向で必要性の高いものほど生産され用いられるようになる動きの中で，必要性が高いにもかかわらず生み出されない財・サービスや，不十分

なレベルまでしか生産されない財・サービスがある（主には，公共財や外部経済をもたらす財・サービスである）．このような財・サービスを供給する，つまりそのような財・サービスに資源を投入し生産する機能を財政は担っており，この機能のことを，資源配分機能という．以下では，資源配分が必要となる財・サービスについて認識を深めよう．

(1) 公 共 財

i．公共財の性格

まずは公共財とはいかなる財であるか，その概要をつかもう．

公共財とは，消費についての非排除性（排除不可能性）と非競合性を有する財・サービスである．「（消費の）非排除性」とは，ひとたびその財・サービスが与えられ機能したならば，特定の人（財・サービスに対する対価を支払わない人等）をその財・サービスの消費（受益）から排除することが不可能な性格のことをいう．一方の「（消費の）非競合性」とは，ある人が，その財・サービスを消費したとしても，他の人の消費が妨げられないという性格のことをいう．

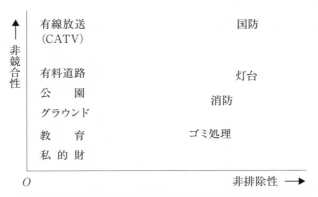

図1-1　非排除性と非競合性の程度による公共財の分類

4

　図1-1には，いくつかの公的に供給される財・サービスについて，非排除性，非競合性それぞれがどの程度あるかという観点からの分類が示されている．（図の分類はあくまで方向性を示すものである．実際にはそれぞれの財・サービスの具体的な状況に応じて細部は変わり得る）．もっとも非排除性と非競合性の双方の性格が強いものとして，国防が示されている．国防のような，非排除性と非競合性という性格を，ほぼ完全にもっているものを，純粋公共財と呼んでいる．一方，通常に，商品として，市場において取引される財・サービス（私的財）は，非排除性，非競合性を有しない（排除性，競合性がある）性格である．また，純粋公共財と私的財の中間に位置する財を準公共財という．準公共財とは，非排除性，非競合性を不完全に備えている財・サービスのことである．例えば，灯台は，船舶等が，灯台を見て方向を確認するという恩恵において，周辺を通るいかなる船舶等をもその恩恵から排除することはできないので，非排除性があると言える．ただし，その恩恵の及ぶ範囲が，敵対国との軍事力の均衡を保つことによる攻撃抑止等で全国民の生命を守る国防ほどに多くの者に及ぶわけではないので，非排除となる人々の範囲は国防よりも小さくなる．非競合性についても，ある船舶が灯台の光を見て方向を確認でき，無事に港に着くことができた時，通常，他の船舶が灯台から受ける恩恵が妨げられることはない．しかし，可能性は極めて低いが，もしも灯台の周辺が船舶等で混雑する場合には，競合性が生まれる（つまり非競合性ではなくなる）ことも，皆無だとは言えない．ゆえに灯台は，国防ほどには，非排除性も非競合性も完全ではない．また，有料道路は，入り口を設け，そこ以外からは入れないようにして料金を支払わないものを排除している．したがって，非排除性はない（排除性がある）が，道路が混雑しない限り，ある人の道路の使用が，他の人の道路の使用を妨げることはほとんどなく，非競合性がある．さらに，一般道路は，現実に誰でもが使える状況にあり，非排除性を備えている．仮に無理に排除性をもたせようとしても，それは物理的に困難であるし，弊害と費用ばかりが増えることになる．一方の非競合性については，有料道路と同様のことが

言える.

公園やスポーツ施設についても,有料道路と同様のことが言える.これらも,入り口以外からは入れないようにして料金を支払わないものを排除することは可能である.そして,混雑しない限り,ある人の利用が,他の人の利用を妨げる可能性は低く,非競合性があり,混雑が極端に生じれば競合性が生まれる.

なお,公園やグラウンド,教育,有料道路については,後に学ぶ外部経済を適切に生み出す観点から,無料や税金投入により低額料金で提供することが最適な場合がある.その場合に,無料で提供するケースでは,それらの財・サービスにも非排除性があるとの解釈も可能となる点に留意すべきである.

消防についてはどうであろうか.確かに,消防の場合は,契約を結び,普段から料金を支払っている者のみが,火災にあった時にのみ,消防が出動し,火を消す,ということも不可能ではない.(その点では,灯台ほど,非排除的とは言えない).しかし,そのようにすることは無意味である.契約を結んでおらず,かつ普段より料金を支払っていない人々の家屋等が火災になった結果,契約を結び,普段から料金を支払っている者の財産が燃える可能性もあるわけだから,結局のところ,誰が火災にあった場合にも,消防は出動しなければならない.つまり結局は,(実質的には)現存する消防の能力を超えない限り,誰も,消防というサービスについて「非排除であらざるを得ない(=非排除である)」と解釈し得る(そのようにしなければ意味がないゆえである).また,混雑が生じる可能性はあるので,ある程度の競合性はある.なお,無償の消防によって火災の広がりを抑制する効果を外部経済とみなすことができる(この点を,この後,テキストで外部経済を学んだ上で再度確認して欲しい).

ゴミ処理についてはどうであろうか.確かに,ゴミ処理の場合も,契約を結び,普段から料金を支払っている者のみが,ゴミを処理してもらえるとすることが可能である.しかし,この場合には,人々が料金を支払うことを嫌がり,ゴミの不法投棄が頻繁に行われる可能性がある.不法投棄の結果,しっかりと契約を結び,普段から料金を支払っている者が,悪臭等,多大な被害を被り得

る．したがって，（この場合にも）結局は，全ての人のゴミを，非排除で処理することが得策となる可能性がある．このような観点から，ゴミ処理の恩恵（その利益）には非排除性があると解釈することが可能で，現実によくこのような解釈がなされる．非競合性においては消防と同様である．なお，無償のゴミ処理によってゴミの不法投棄を減らす効果は外部経済とみなすことができる（この点を，この後，テキストで外部経済を学んだ上で再度確認して欲しい）．

ⅱ．財政による公共財供給の必要性

上記のような非排除性と非競合性を有する財・サービスは，財政によって供給されることが必要あるいは有効である場合がある．しかしながら，その程度（政府による供給が必要となる程度）は，非排除性と非競合性のレベルや状況によって異なる．もちろんのこと，非排除性や非競合性という性格をもつ全ての財・サービスが，財政によって供給されなければならないというわけではない．現実に，準公共財の中には，政府ではなく民間の企業によって，私的財と同様に供給されているものもある．

以下では非排除性と非競合性を有する財・サービスの中で，政府による供給が必要となるケースを示していこう．

a．純粋公共財

まず，「国防」という純（粋）公共財がもっている非排除性に注目して，国防が，政府による供給を必要とするという点を追究しよう．

「国防」とは，一般に，例えば軍人の活動，戦闘機，戦車，戦艦，核ミサイル等々を整備して，国の主権や国民の生命を外国に奪われないようにすることである．

一般論として，自らの利益のみを考え，他国を侵略するような国が，侵略された国の国民に有利な状況を生む可能性は低い，という常識にのっとると，国防があることによって，それを防ぐことが可能となり「自国の主権や自国民の安全を外国に奪われない」という便益が国防を有する国の国民にもたらされる．

まずは,「国防」が国民にもたらす便益の性格を把握していこう.この「国防」という財・サービスがもたらす便益には,「非排除性」という性格がある.「国防」という財・サービス（がもたらす便益）が「非排除性」をもつという点は,国防が国防を有する国の国民にどのようにして便益をもたらすかという点をさらに深く把握することにより明らかとなる.

　一言に国防というが,先進諸国においては,実際に兵器を用いて兵士が戦闘を行い国を守るというケースは（状況に応じて変動はするが）必ずしも頻繁ではない.このことを前提とすると,国防とは,先進諸国では,一般に「軍人,兵器をそろえて戦闘の訓練をすること」と解し得る.つまりこの場合,「自国の主権や自国民の安全を外国に侵されない」という国防の便益は,軍人,兵器をそろえ,戦闘の訓練を行うことによって敵対国,近隣諸国にある程度の威圧を与え,他の国からの自国への攻撃を「抑止」する,というかたちで生じることが多い.国防が自国民に便益を及ぼすパターンは,このケースが一般的である.

　この場合,国防の便益は,国防が行われている国にいる全ての国民に及ぶことになる.まさに国防には非排除性がほぼ完全にあると言える.

　なお,他国の要人や他国の国民との交流や,他国の要人との会議,交渉等を通して,国家間の諸便益を互いに増加させ得るような条約を締結していくことは「外交」の一つである.日本の国民は「自国の主権や国民の安全を外国に侵されない」という,本来は国防によって得られる便益を外交によって得ている.例えば日本におけるアメリカとの安全保障条約などがこれに該当する.言うまでもなく,この外交から受ける便益も,ひとたび外交が実施され,条約が締結したならば,国防の場合と同様に非排除性を有する.

　このような性格をもつ「国防」を,一般の企業が,通常の企業活動において供給することができるであろうか.もともと国防は莫大な費用が必要であるから,民間の企業が供給することは困難である.

　また,以下の点からも国防を,通常の企業活動において供給することは困難

である．既述の通り，国防の一般的な便益は，ひとたびそれが機能したならば，国内にいる全ての人々に及ぶことになる．この状況では，多くの人は国防に対して代金を支払おうとはせず，フリーライダーになると考えられる．フリーライダーとは「自分は費用を負担しないで，他の人の負担によって財・サービスから便益を得ようとする人々」のことである．国防の便益には非排除性があるので，費用を負担した人も，負担しない人も，同じように便益を得ることになり，多くの人が，できれば他の人に負担してもらって自分は便益のみを享受しようと，つまりフリーライダーになろうと行動する可能性が高い．つまり非排除性のある財・サービスは，対価を徴収することが極めて困難なのである．

　ここで一般に売買される商品については，フリーライダーは生じ難いという点を認識しよう．例えば，チョコレートのような一般の財は，その財を欲する人が店に出向いていき，対価を支払うことによって，その財からの便益を得ることができる．つまり，その財を欲する意思表示をして，対価を支払うことによって，その財からの便益を手に入れることができる．すなわち，自ら進んで対価を支払わなければ，その商品からの便益を得られないので，そう簡単にはフリーライダーは生じないということになる．

　しかし，国防は，チョコレートとは異なり，それがもつ非排除性ゆえに，ひとたび生み出され機能したならば，各人が望む望まないにかかわらず，全国民にその便益が及ぶ．つまり国防から受ける便益に対する対価を払っている人も，払っていない人も同じように便益を得ることになる．

　このような，国防を企業が供給し，その対価を徴収しようとするならば，一般的に，国防が行われる事前に，各人に国防の必要性を確認し，「必ず対価を支払う」との旨を記した契約書のようなものを作っておいて，いざ，国防が機能し始めてから，対価を徴収する傾向となろう．しかし，そのようにしたとしても，国防の便益が，ひとたび国防が機能し始めれば，みんなが同じように便益を得るという性格である限り，人々は，（そのように事前に契約をする時に）本当は国防が非常に必要であると考えているにもかかわらず「国防の便益など

9

私はいらない」と主張する可能性がある. なぜなら, たとえそう言ったとして
も, 国防の便益の性格 (非排除性) ゆえに, 自分が対価を支払わなくても他の
人が支払ってくれて, 自らは, 対価を支払った他の人と同様の国防の便益を得ら
られる可能性があるからである. つまり, 各人は, できれば対価を支払わずに,
対価を支払った人と同じ便益を得ようと行動する可能性がある.

　また, 国防がある程度の効果をもつには, それなりの規模が必要であり, そ
の規模を保つための費用は莫大である. 非排除性のある国防については, 前記
のようにフリーライダーが発生してしまう可能性が極めて高い中, さらに莫大
な費用を対価として, 徴収しなければならない.

　万が一, フリーライダーとなる人が少なく, かなりの対価を徴収できて, あ
る程度の国防を供給できたとしても, たとえ僅かでもフリーライダーがいれば,
対価を支払った人からは不平不満が出る. フリーライダーは, 対価を支払って
いないにもかかわらず, 対価を支払った人と同じ, 「国防の便益」を得ている
からである.

　このようなトラブル (クレーム) が頻発する状況では, スムーズな企業経営
も困難であり, その意味からも, 企業は対応し得ない. また, フリーライダー
は, 時間を経るごとに増える可能性がある. 一部でもフリーライダーがいれば,
フリーライダーではない, お金を支払った人も, 「フリーライダー」になった
方が, 得じゃないか, と考え出す可能性が極めて高いからである. 国防にかか
る費用と一言にいうけれども, その費用は, 最初に戦闘機や戦車を購入し, 兵
士を雇う費用と同様に, それらを維持していく (兵士については, 継続的に給
料を支払うという) 費用が莫大である. この維持していくための費用をまかな
い, 国防を維持しなければ, 国防が国民に及ぼす便益を確保することはできな
い. つまり, 国防の維持のための費用が継続的にかかる状況下, 少しでもフ
リーライダーが生じる限り, フリーライダーは日に日に増えていく可能性が高
く, 国防を供給し, それを維持していくことは限りなく不可能に近くなり得る
のである.

公共財の需給量の決定

　私的財は代価を支払った人がそれによって発生する便益を自分のものに帰属させ消費を独占できる．これに対して公共財は，上述のように，その供給を受けた人が代価の支払いを拒否した場合でもその供給を排除することが不可能な財である．例えば，上記の国防や警察，消防，灯台，無料の公園などは，その便益が広く社会に及ぶものであり，社会の構成員全体が同時に共同的に消費するという性格（消費の共同性）を持っている．これらは，すでに説明した通り，その便益を受けた人々が対価を支払わなかった場合に，その供給を制限したり差し止めたりすることができないものである．

　このような公共財の供給を考えるために，まずは私的財の供給について考えよう．

　消費選択の理論から明らかなように，各家庭の消費均衡点は限界代替率と価格比が一致する点で決定される．そして正常財である限り，一般に，価格が下落すれば代替効果と所得効果が同じ方向に働くため需要量が増加する．したがって，各家庭の需要曲線は右下がりに描かれる．この時，各家庭の私的財に対する社会全体の需要曲線は，各家庭の需要曲線を水平に合計（水平和）することによって導き出される．また，供給曲線は限界費用曲線であるから右上がりに描かれる．このようにして導き出された需要曲線と供給曲線の交点が市場均衡点になる．すなわち私的財の場合の最適な資源配分は，完全競争市場における市場均衡点における，均衡市場価格 P と限界費用 MC の一致によって実現される．いま，経済が2人の消費者，消費者 A と消費者 B から構成されているものとして考えると，各人の負担する価格は同一であるから，私的財の最適な資源配分の条件は，次のようになる．

$$P = P_A = P_B = MC$$

　これに対して公共財は前述のように全ての消費者に等しく供給され，ある個人の公共財の消費は他人の公共財の消費に制限を与えるなどの影響を与えない．

したがって各家庭の需要曲線は，その公共財に対する各家庭の（各家庭に等し
く供給されるものに対する）限界評価を表すことになる．公共財の消費量は各
家庭ともに同一であるが，公共財に対する評価は一般に各家庭によって異なり
同一ではない．図1-2に示されているように，AとBという家庭がある時に，
Aは公共財に対してD_Aのような需要曲線を有し，Bは同じ公共財に対して
D_Bのような需要曲線を有する状況となる．この時，この公共財に対する社会
全体の需要曲線を導き出すには，各生産水準の各家庭の限界評価を合計すれば
よい．すなわち，個々人の需要曲線を垂直に合計（垂直和）することによって
導き出される．

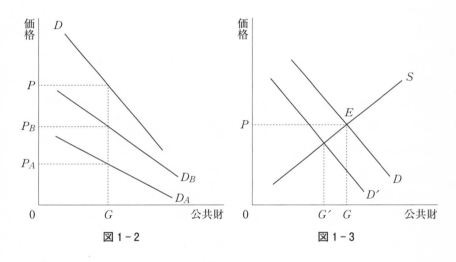

図1-2　　　　　　　　　　　図1-3

　図1-2において，公共財の供給量$0G$は消費者AとBに等しく提供される．
したがって同じ生産量に対する社会全体の総限界支払い意欲（限界評価）は，
Aの限界評価$0P_A$とBの限界評価$0P_B$とを合計した$0P$の大きさで示される．
このように公共財の需要量を各生産量に対して同様に導き出し示された需要曲
線がDである．このD曲線が公共財に対する需要曲線である．この需要曲線
を図1-3に描きなおし，同図に公共財の供給曲線を描く．この供給曲線は公

12

共財の限界費用曲線である．つまり，公共財を1単位追加生産する際に負担しなければならない費用の増分である．この需給両曲線の交点Eにおいて均衡需給量$0G$が決定され，これが公共財の最適供給量である（この点をリンダール均衡という）．なお，GE（$=0P$）の大きさは，消費者Aの限界評価$0P_A$と消費者Bの限界評価$0P_B$との合計であるから，公共財の最適な資源配分の条件は以下のようになり，私的財の場合と異なる．

$$P = P_A + P_B = MC$$

　すなわち，前述したように私的財の場合は，各家庭の需要曲線の水平和が総需要曲線を形成し，公共財の場合は各家庭の需要曲線の垂直和によって総需要曲線が導き出される．

　しかしながら，上記のようにして公共財の最適生産量が決定されるのは，各人が正当な限界評価を示しているという条件がつく．もしも，上記のように公共財に対する自らの限界評価に応じて各家庭の公共財の価格が設定され，自らが価格を負担しなければならないならば，人々は本当の選好を示さず，過小の評価を試みるであろう．なぜなら公共財はフリーライダー（ただ乗り）が可能であり，自らは負担をせずに，他人の負担によって同様に公共財の恩恵を得ようとする動機が働くからである．多くの人がそのように考えて行動した結果，図1-3におけるD曲線はD'曲線の方向へシフトし，公共財は最適水準を下回ることになる．このことから，公共財は各消費者の限界評価を正確に価格に反映させることが困難な性格を有している．したがって公共財は政治的決定に依存して，政府が供給量を決め，一般の市場における対価のような，提供される財・サービスと支払われる金額との直接的な交換関係が，ないという性格を有する税金によって供給されるという政策が行われる，すなわち，財政によって供給されることになるのである．

b．準公共財

　続いて，準公共財が，政府による供給を必要とする点を追究しよう．純粋公

共財は，非排除性をほぼ完全に有する性格なので，いかなる純粋公共財でも，国防と同じパターンで，非競合性に言及することなく，非排除性のみに注目して，資源配分の調整の必要性を示すことができる．

　準公共財についても同様である．準公共財が非排除性をもっているならば，特に非競合性に注目しなくとも，非排除性のみに注目して，それが（国防同様に）非排除性ゆえのフリーライダーが生じるとのことから「税金による供給を必要とする」という点を示すことができる．

　ここで，一般道路について考えてみよう．まずは一般道路が，非排除性ではなく，排除性をもつことが，物理的に困難な点を確認しよう．もともと道路の多くは，その場所にあって誰もが自由にいつでも利用できる状況であってこそ有効に機能する性格である．この時，もしも，道路について，使用料を支払わない人を排除しようとするならば，多大な費用が必要となる．また利用者に使用料の支払いを義務付けるならば，道路の維持運営を十分なものとするために，支払うべき金額は利用した道路の距離に応じたものとなることが求められる場合も生じ得る中で，使用料の徴収に際し，各人の利用距離を把握する必要が生まれ得る．このような把握を，一般道路の使用に際し逐次行うことは，費用の問題もさることながら，物理的にも困難である．つまり，多くの一般道路は，非排除性をもたざるを得ず，必要不可欠な財であるにもかかわらず，企業が使用料の徴収によって利益を得ることを目的に，道路を建設・維持していくことができないのである．したがって，国防同様に税金によって国が建設・維持を行うことになる．

　次に問題とすべきは，非排除性を有せず，非競合性のみをもっている財・サービスが，税金によって供給されねばならないケースであろう．

　非競合性については，非排除性とは異なり，この性格自体がフリーライダーを生む状況ではなく，したがって，フリーライダーが生まれるがゆえに，供給に際しての財源を得ることが困難であるという理由から，政府による供給の必要性を示すことはできない．しかし，非競合性については，その性格のある

財・サービスを，財政によって供給しない場合には，経済的な効率性の観点から問題が生まれる．

　例えば，相当に空席がある教室を考えてみよう．このような状態の教室で供給される教育というサービスには，非競合性はあるが，非排除性はない．授業料を支払わない人等を，その便益から排除することが可能であるが，教室に空席がある限り，便益に対して競合性は生じない．ここに，さらに10名ほどの，人々が入ってきて講義を聴いたとしても，10名以上の空席がある状況では，そこにもともといた学生たちが教育から受ける便益が失われるわけではない．すでに教室にいた人々も（騒いだり，常識を逸脱する人がいなければ），今までとまったく同じ教育サービスを受けることができる可能性があり，（さらに10名の人を受け入れた結果）教室全体の効用（満足度）が（誰の効用水準も下げることなく）増加し得る．すなわち，教員の負担増が生じない状況ならば限界費用はゼロに近い状態である．

　この状態をもたらすためには，さらにこの教室で講義を受けることを望む10名ほどを，無料で，あるいは格安の授業料で受け入れるようにすればよい（現在の授業料で，入学してくる学生数が，現状であるから，さらに10名を確実に受け入れるためには，格安，あるいは無料とすることが有用となり得る）．その結果，誰も損をせずに全体の満足度が増加する可能性がある．

　しかし，その場合に，もしも後から教室に入ってきた人が，授業料を支払っていない（あるいは格安）ならば，授業料を支払っている人々は，著しい不公平感を感じるだろう．不公平感という点からは，これは実施が難しい．しかし，次のような場合ならばどうだろう．例えば，その10名が，学生の世代とは，競争関係となる状況がほとんど生じない高齢者の場合である．同じ世代の若者たちであれば，就職先を争う可能性や，就職してからの出世競争など，様々な点で競争となり得るが，高齢者は，年齢が異なることから，競争となる状況にはなく，それどころか，むしろ一緒に活動することで，若者は多くのことを学ばせてもらうことができると考えられる．この状況を考えるならば，今，その教

15

室に無料で，数名の高齢者を受け入れることが，「誰の効用水準も下げずに，人々全体の効用を増加させる」という，非常に好ましい結果をもたらす可能性がある．

　むしろ，すでに，教室にいた学生たちにとっても，高齢者から様々なことを学ぶチャンスに恵まれたり，良い刺激を受ける可能性もありプラスの側面があるし，高齢者が，学びを通して，はつらつと生きていくことは，地域社会にとっても，一国全体にとってもプラスである．このような効用の増加をもたらす諸政策を民間の企業が十分に行うとの保証はないので，上記のような施設の非競合性を生かした政府による政策が有効な可能性はある．

　さらに，公園の維持について考えてみよう．例えば，ある公園を維持する費用が年100万円とする．その公園から，付近住民のうち10人は年10万円相当以上の効用を得て，他の5人は5万円相当の効用を得るとする．公園の場合，周囲を塀で囲み，入り口を設けて，入場料をとることによって，排除性を有することは可能である．したがって，年10万円となる入場料を設定すると，10人が入園することによって，公園を維持することができる．しかし，混雑現象が生じず，公園が非競合性を有する状況にあるならば，さらに一人5万円の入園料を，既述の5人に対して設定し，5人の入園を認めることにより，先の10人の効用は減らさず，さらに年25万円分の効用を追加して得られ，他者の効用を減らすことなくさらに効用を増加させることができる．しかし，この場合，先の10人と残りの5人の間で著しい不公平が生まれてしまい，これを民間企業が実施することは難しい．だからと言って，入園料を一律年5万円にするならば，総入園料収入は，75万円となって，100万円に届かず，公園を維持していくことができない．

　この時，例えば，付近住民のうち10万円相当以上の効用を得る10人からは，8万円で代金を徴収し，他の5万円相当の効用を得る5人からは4万で代金を徴収するとすれば，すでに見た状況（前者から10万，後者からは5万円）ほど

には，負担額に差がない状況で公園を維持していける．しかしこれでも，依然として不公平感は残り，企業経営において，これを強引に行うことは難しい．それゆえに政府が，料金としてではなく，税として強制的に徴収するという方法が有効となる可能性が生まれる．

つまり，民間の企業に任せ対価が決定され，その対価で運営されるよりも，民間企業に任せず，政府が，その財の供給とは無関係に，税金によって運営資金を集めた方が，全体の効用が増える，つまり公園ならば，一定の維持費の下でより多くの人々に利用してもらう状況で，全体の満足度が増加し，有効な場合が生まれる可能性もある，ということである．

しかしながら，税負担を，うまく各人に割り振ることが必ずできる保証はない．現実に，現在の税金は，高所得者ほどたくさん支払う体系になっているので（詳細はChapter5を参照），公園の維持費を税金によって徴収する場合に，必ずしも，高所得者ほど，公園をたくさん使いたいと考えている保証はなく，ほとんど公園に価値を見出さない高所得者もいると考えられる中，国民の満足度が低められているかもしれない．

公園は，それを使用する者が，一部の人々である可能性をもつ．高齢者の中でも，公園を使う人は限られた一部の人である可能性があるし，公園をほとんど利用しない成人も確実にいる．そのような中，国民全般から徴収する税によって，上記のように，より満足を増加させるような状態を達成できる保証はない．場合によっては，ほとんど公園を使わない人の税負担が重くなる可能性もある．

すでに説明した，学校で供給される教育サービスの例では，公平問題がクリアされる状況ゆえに，必要な授業料を徴収している状況を継続する中で，さらに受講者を増やすことが可能である．その時，受講者が増えたことにより（状況によっては）必要となる諸経費が生じ，それを税金で賄わなければならない場合もあり得よう．しかしその場合に，投入すべき税金は（限界費用がゼロに近い可能性もあり）僅かで済み得る．しかし公園の場合は，公平問題をクリア

できないがゆえに，その維持のための費用全てを税で賄うとなると，料金による徴収と併用する場合と比べ，金額も多く，その多額の費用を税金によって，人々から，全体の効用が増えるようにうまく取ることは難しい．つまり，料金として，それを必要とする人から徴収しないゆえに，公園を必要としない人から多くの財源を徴収することともなり得るし，その人たちに大きな効用水準の低下をもたらすことにもなり得る．

　たとえ他の支出を削って，それを公園に充てるという場合でも，金額が大きい場合には，公園を利用する可能性がまったくない人にとって，公園に関するもの以外の支出を削ったことが，大きな弊害となり，その人の効用が著しく低くなるかもしれず，税金を使って公園を維持することがうまくいかない可能性がある．

　もしも，上記のように，公園を維持運営するための負担が，公園とは無関係な人や，公園を大して必要とはしない人に重くのしかかるようならば，最初に提示された条件「公園を維持する費用が年100万円である中，その公園から，付近住民のうち10人は年10万円相当以上の効用（満足）を得て，他の5人は5万円相当の効用を得る状況に際し，公園の周囲を塀で囲み，入り口を設けて，年10万円の入場料を設定し，10万円を支払う意思のある10人に入園してもらって，総入園料100万円を得て，丁度，公園を維持する」方が満足が大きい，といった事態ともなり得る．

　このように考えていくと，どうやら，公園が税金によって維持されている理由を，非競合性に注目することのみによって，直接的に十分に説明することは簡単ではないようである．

　ではなぜ，多くの既存の公園は，税金によって無料で人々に提供されているのであろうか．また，税金によって無料で供給されている公園がある一方で，なぜ公園の入り口にゲートが設けられ，しっかりと入場料を徴収しているケースもあるのだろうか．このように，同じ公園でも，政府の介入（税金の投入）のレベル等に違いがある場合とない場合があるのはなぜであろうか．これらに

ついての一つの答えは，外部経済という経済現象にあると考えられる．

　なお，公園が税金によって供給されなければならない理由については，(2)の外部性以下で，外部経済について認識を得た後，ⅴ．外部経済と準公共財にて，再び説明を加える．

(2)　外　部　性

　続いて，外部経済について認識を加えよう．結論から示すならば，外部経済を強く有する財・サービスほど，政府による（税金による）供給の必要性は高まる．上記の，排除性を有し，非競合性を有する「公園のような財」は，人々の満足を最大にする料金徴収を税金で目指す，という点よりは，むしろ，外部経済が強いか弱いかによって，政府によって供給する必要があるか否かが決まってくるといった局面がある（なお，ここで言及する外部性は，財政の役割を説明する上で特に重要な外部性，すなわち市場の失敗に関する外部性である）．

ⅰ．外部性の定義

　外部性（外部効果ともいう）とは，ある行為（生産や消費）を行う者の行動が，その行為を行う者以外に，市場での取引を介さずに与える影響をいう．この影響にはよい影響を与える場合と悪い影響を与える場合がある．よい影響（生産コストの減少や効用の増加）を与える場合には，その影響は外部経済と呼ばれる．悪い影響（生産コストの増加や効用の減少）を与える場合には，外部不経済と呼ばれる．

ⅱ．外部経済

　交通施設の整備によって生じる便益は，外部経済の代表的な例である．新幹線が敷設されたり，高速道路が建設されることによって，地方経済が発展し，例えば，東京への人口一極集中が改善されたとしよう．この場合には，首都圏の交通渋滞やあるいは大気汚染，ヒートアイランド現象といった問題も緩和さ

れ首都圏の環境改善が進む可能性がある．これも外部経済である．

　さらに，教育についても外部経済があると考えられる．ある人が教育を自らの判断で受ければ，もちろんその人は様々なメリットを得る．それゆえ多くの人は教育を自らの判断で受けようとする．しかしその時，教育を受けたその人とは直接的にかかわりのない第三者が得る便益がある．様々なものが考えられるが，例えば教育水準の上昇によるコミュニケーションの円滑化の結果，長期的に得られる時間の節約などである．さらに，教育水準の上昇は，教育を受けた本人ではない，その人を雇う側にも便益を与える．これらは教育がもたらす外部経済である．

　さらに，下水道における外部経済もある．下水道が設置され，それが使用されることによって，下水道の使用者は恩恵を受ける．自宅の地面に汚水を染み込ませたり，無造作に流したりすることによって生じる，汚物の氾濫や悪臭に悩まされることがなくなる．そしてこのことが，外部経済を生じさせて，下水道を直接には使用しない，第三者にも多大な恩恵をもたらすと考えられる．わが国の水道水，農業用水の大半は河川と地下水からの取水である．それゆえ下水道がない場合の水汚染は，重大な健康被害を不特定多数の人にもたらす可能性がある．下水道が造られ使用されることによって，上記の健康被害を被るおそれのある人が，健康を害されずにすむ場合も十分に考えられよう．この便益が，まさに下水道の外部経済である．

iii．外部不経済

　ある生産者が，ある商品を生産するために，工場の煙突から多大な煤煙を排出したとしよう．煤煙は，この工場で生産された商品とはまったく関係のない地域住民に対して，喘息等の悪い影響を及ぼす．このような煤煙による大気汚染のような公害は，外部不経済の典型的な例である．

　また，各人の生活の結果として生活廃水が生じる．食材を購入し調理して食べれば，当然に食器を洗う必要が生じ，生活廃水が生じる．水洗トイレを使用

したり，入浴する場合も同様である．しかしこのようにして生じた生活廃水は，地下水や河川に流れ込み，水道水や食材を通して，生活排水を流した人とは直接関係のない人々に水汚染による公害を及ぼすことがある．これも外部不経済である．

外部不経済には，世界的な規模で第三者に悪い影響を与えるものもある．木材の生産のために，森林が無計画に大量に伐採されたことによって，二酸化炭素から酸素への循環が十分に行われず，そのことが地球温暖化の原因になっていることがかつて強く問題視されていた．そして，現在においても，各国が排出する二酸化炭素が，地球温暖化の原因となっている．地球温暖化は，世界的に海面水位を上昇させ，異常気象をもたらし，各国に経済的な打撃を与え得るし，地域によっては砂漠化が進むといった状況も明らかにされている．まさにこれは，様々な経済活動の結果生まれる，世界的な規模での外部不経済である．

iv．財政支出と外部性

外部経済をもたらす（あるいは外部不経済に対応する）財・サービスについては，政府が，税金を投入しその供給を促進しなければ，十分な量が供給されない可能性が高い．

その点について，まずは義務教育を例に考えてみよう．現在，義務教育にかかる費用は，国と地方公共団体が拠出しており，政府以外の機関が教育を行う場合でも，補助金を出すなどの関与をしている．しかしながら教育は，企業のみによっても供給され得るものである．学習塾などは企業のみによって教育を供給している良い例である．しかし，企業は一般に，利潤の最大化のみを目標としており，外部経済の最適性を考えて，教育を供給することはない．それゆえ，政府が手を引いて，企業に教育の供給を一任したならば，教育の供給量が社会全体として最適になる確率は著しく低くなる可能性がある．だから現在のように政府が直接経営に携わったり，政府が補助金を出して，教育の供給が行われているのである．

この理由を理解するために，次の状況を考えることから始めよう．もしも政府が教育の供給から，一切手を引き，教育の供給の全てを企業に一任したならば，どうなるであろうか．結論から示すと，現在よりも，教育を受ける人は確実に減る．

　現在すでに，義務教育は政府が無料で供給しており，大学も授業料は取るが，政府が補助金を支出しているので，政府の介入がない場合よりも授業料が低く抑えられ，より多くの人が教育を受けられる状況を導いている（私立の大学といえども同様である）．政府が手を引き，企業に一任するということは，政府が一切お金を支出しない，ということを意味するから，運営に必要な費用を授業料で賄わなければならなくなり，授業料は間違いなく高騰する．義務教育に関しては，現在無料であるから，その高騰は大変なものになる．そうなれば，それぞれの教育を受けることを拒否する人もあらわれてくるはずである．この時，企業に，授業料を払わないで教育を受けないことを選択した人々に授業を受けさせる義務はないし，過疎地域など，採算の取れない地域においては，企業が学校を運営することは一般にないであろう．この時，山間部の人々が，特定の都市まで，毎日子供を送迎せねばならないならば，（あるいは下宿となったり，移り住んだりしたとしても）その場合においても，お金と時間がかかり，人々に大変な負担がかかることとなる．この傾向は，後に「2．所得再分配」で考察する，最低限の生活保障，貧困救済に関する問題をもたらし，さらに税金投入の必要性を高めてしまうことにもなり得る．

　このような状況での，教育が生み出す外部経済が最適な水準であると断言することはできない．特に経済が不況の状態では，義務教育を受ける者が減少する可能性も十分に考えられる．各時代の状況に応じて状況は様々に異なることになるが，教育供給の減少のレベルが大きい場合には，人とのコミュニケーションが十分にとれない社会の側面が生じ，生産活動が停滞するなどのトラブルにもつながりかねない．社会の様々な局面で，複雑化，高度化が進む傾向の現代において，義務教育を受けずに，読み書きがまったくできない人々が各世

代に多数生じるならば，大変なことになる．コミュニケーションがスムーズではない状況が加速することはもちろんのこと，生活困難に陥る人もより多く生じるであろう．

　このような状況を回避するために，政府が，税金によって義務教育を供給したり，政府が教育機関に援助するなどの関与を行うことによって，最適な供給量を確保することが必要となると考えられている．

　また，下水道についても，同じような議論が可能である．現在も，下水道の供給を，地方政府等が行っており，下水道の生産に必要な費用の多くが税金によって賄われているため，下水道使用料は徴収するものの，比較的低い金額ですんでいるのである．

　この時，もしも，政府ではなく企業のみが供給することになったならば，そうはいかないであろう．企業のみが供給する場合は，（当然に税金の投入はなく）下水道の建設費や維持費および運営に必要なあらゆる費用を使用料で賄うこととなる．当然，今までのような使用料水準では経営が成り立たないので，使用料を値上げすることになるであろう．しかし，使用料を値上げしたならば，少なからず下水道料金の支払いを拒否する人も生まれてくる可能性がある．その結果，十分な使用料を得ることができず，下水道が造られない可能性は高まる．

　そもそも，一般的な民間企業が下水道の経営を行う場合，下水道を造ってしまった後で，加入者があらわれないではすまない．これでは下水道を造るのに生じた費用が丸損となってしまう．それゆえ，造る前に沿域の居住者と使用料をいくらにするかも含めて交渉し，確実な契約を結んで，採算が取れる目途が確実とならない限り，下水道の設置に着手しないであろう．この時，もしも，下水道の供給を最初から企業のみに全て任せていたら，税金の投入がない分，下水道使用料が高騰し，多くの人が下水道の使用を望まない状況となり，結局，経営が成り立たないがゆえに，下水道の供給は少ないものとなると考えられる．もしも供給が少なければ，健康を害する人の人数は今の何倍も増えていた可能

性がある．もちろん，たとえそうなっても，「うちの会社が，下水道が生み出す外部経済を増やすために（生活排水といった外部不経済を減少させるために），採算割れ覚悟で下水道を造りましょう」と手をあげる民間企業はいないはずである．

　すなわち，下水道は，義務教育同様，政府等が税金を使って関与しなければ，最適な水準よりも少ない量しか供給されない可能性が高いのである．

　一般に，上記のような外部経済がある場合は，民間の市場取引に任せておくと（つまり民間企業によっては），その財は，社会的に望ましい供給量よりも少ない量しか供給されない傾向がある．その財から，直接的に効用を得る者は費用を支払うが，外部経済の恩恵を受ける者は，その恩恵に対する費用を負担しない可能性が高いからである．この時に，下水道を直接的に使用する使用者に，外部経済の恩恵を受ける人々のために，より高い料金を支払ってくれと強要することはできないし，他方，下水道の外部経済の恩恵を受ける人々に下水道を供給する企業の経営が成り立つ上で必要な財源負担を強要することも難しい．下水道の外部経済が，実際に，誰にどれだけ及んでいるかが明らかになりづらい性格であるからである（この傾向は，多くの外部性に共通している）．たとえ交渉がなされた場合でも，十分に財源を集められる結果となる可能性は高くはない．また，外部経済は非排除的な性格を有し，フリーライダーが生じ得る．この点からも国民に負担を求めづらい．すでに図1-2，図1-3で説明した，公共財の最適な供給が困難な理由と同様の理由から，外部経済を人々の自発的な負担によって最適に供給するのは困難である．

　外部経済による便益が市場の価格メカニズムにおいて評価されない状況を，図によって示しておこう．

　外部経済において，図1-4のD線はこの産業が生産する財の需要曲線である．他方，S_1線はこの産業の私的限界費用であり，財の生産に対し負担する限界費用の合計である．ここで，外部経済が最適に生じているときの社会的限界費用はS線で示される．この場合，競争的均衡であるF点では，社会的に望

ましい水準（q_0）以下の生産しか行われていない．この場合は，政府が生産者に補助金を出すなどして，その生産を増加させることが必要となる．

　なお，外部不経済が生じているケースについても示しておこう．外部不経済が生じている場合の供給曲線，すなわち私的限界費用はS_2線によって示される．この時の競争的均衡点 G では，$q_2 - q_0$ だけ，社会的に望ましい水準以上に生産されている．この場合にはその生産者に課税することによってその生産を望ましい大きさまで減少させるか，あるいは政府によって生産を規制することが必要である．

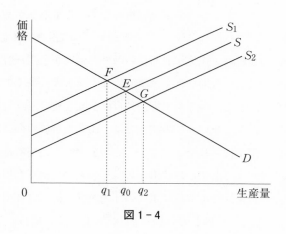

図 1 - 4

ⅴ．外部経済と準公共財

　ここでは，いよいよ「公園がなぜ税金によって無料で（国民から直接対価を求めることなく）国民に供給されているか」を考えよう．また，この点を理解することによって，なぜ同じ公園（庭園なども含む）でも，料金を取って，民間企業が供給しているケースと，政府が税金によって無料で供給しているケースがあるのかについても認識を深めることができる．なお，この議論は，準公共財の中に，政府が税金によって供給するものと，民間企業が料金をとることによって供給するものの双方が存在することについての認識を深めることにも

つながる.

a. 公園が税金によって供給される理由

　公園も，公園がもたらす外部経済ゆえに，税によって供給されている部分があると考えられる．ここでは公園がもたらす外部経済に焦点をあてて，税による供給の必要性を考えよう.

　工業地帯にある，人々の憩いの場となっている緑豊かな公園を念頭に置こう．仮にこの公園を料金制にして，通常の遊園地と同じように民間企業に供給をゆだねたとしよう．料金を取るとなったならば，今まで，気分転換等のために公園を利用していた人の多くが，公園を利用しなくなる可能性がある（価格が高いと利用者が減少する状況は，図1-4の均衡価格の変化からも読み取れる）．利用者がいないとなれば，採算が取れないので，企業が公園経営に乗り出すことはない．このことから公園経営を企業に任せたならば，多くの公園が造られない可能性もある．また，全ての工場が独自に公園を建設し，労働者の憩いの場を確保するとの保証もない．この状況では，工業地帯の中の公園は激減し得る．仮に僅かに公園が作られたとしても，その公園が，使用料を取る状況では，料金を取られるのが嫌であるとの理由から多くの人が公園を利用しなくなる可能性がある．その結果，この地域の工場の「生産性（同じ時間内でも多くのものを作るといった能率の良さの程度等）」が低下する可能性がある．場合によっては事故が多発する事態ともなるかもしれない．このようなケースでは，無料開放の公園は，デメリットを解消する外部経済を有していることになる（ここでは無料開放であってこそ外部経済が十分に生じるという可能性に留意：外部経済の状況に応じて税金投入と料金徴収双方を調整しながら財源を集めることが妥当なケースもある）．公園があることによって，工場の生産性が高まり，他方，事故が防止されるなどして，公園を利用し直接に公園からメリットを得るわけではない人にも，その公園は便益をもたらす．そして，この公園の供給を企業のみに任せたならば，前記のように公園のもたらす外部経済は十分に生み出されない可能性がある．つまり，全ての企業が，公園がもたら

す外部経済の最適水準を意識して公園を供給するとは限らないからである．

　また，工業地帯にある公園ではなく，一般の公園についても，子供をもつ親同士，老人同士，およびそれら人々を含めた地域全体のコミュニケーションの場となり，地域の連帯の向上が犯罪を減らしたり，子供たちの社交の場として，子供たちの社会性をはぐくむといった教育効果が期待される可能性や防災の避難場所として機能した結果のメリット，公園の緑地による酸素の供給などの様々な外部経済が考えられる．したがって，工業地帯にある公園と同様の議論が成り立つ可能性がある．つまり，企業にその供給を任せたのでは必要な量が供給されない可能性があるのである．

b．多目的グラウンドの供給

　続いて「多目的（野球もサッカーもできる）グラウンド」を考えてみよう（アイススケートやオーケストラの演奏ができる多目的ホールなどについても同様の議論が可能である）．これについても，税金投入の意義に関して，上記の公園と同様の考え方が成り立つ．多目的グラウンドは，排除性をもっており，料金を支払わないものを排除することが可能である．よって，民間の企業が供給することも可能である．しかし民間企業は，料金をとった結果，採算のとれない可能性のあるグラウンドを供給しようとはしない．このような企業に供給をまかせることによって，果たして十分な多目的グラウンドの量が供給されるであろうか．ここでも，多目的グラウンドが生む外部経済に注目して考えてみよう．

　例えば，過疎地域の多目的グラウンドがもたらす外部経済として，地域の人々のコミュニケーションの場が提供され，人々に連帯意識が生まれ，その結果，犯罪や少年の非行および災害などの被害を最小限におさえることができるなどの便益が考えられる．犯罪などを防ぐということは，グラウンドの使用とは直接関係のない第三者の人が得る便益であり，外部経済である．また，次のようなことも可能性としては考えられる．それは，多目的グラウンドを青少年が利用することによって，野球・サッカーなどのスポーツに本格的に取り組む

ことができて，チームプレーや組織の中で相手のことをも考えながら生き抜く
すべを学ぶことができ，教育効果がある，というものである．若者がチームの
中でしっかりと生きていく能力を身につけるならば，そのことが社会に出てか
ら，会社などの生産性を大きく高め，様々なトラブルを防止する可能性もある．
生産性の高まりから，余暇時間をさらに増やすことができる人も生まれるかも
しれない．さらにそれによって事故なども減少する可能性がある．このような
便益も外部経済である．

　このような外部経済があり，その重要性が高いと判断されるならば，すでに
述べてきた外部経済をもたらす財・サービスのケースと同様に，民間企業に
よっては採算が取れずに供給がなされない状況下，僅かに供給されたとしても
供給がわずかであるがゆえに，最適な外部経済を生む上で十分な利用者も生じ
ないという状況となり得る．この時，その財源が，税金によって，料金に依存
せずに賄われ供給が行われることが正当化され，容認される可能性が高まる．
また，外部経済は，広い範囲の人に及び得るので，例えば公園を例とするなら
ば，公園をまったく使用しない人からも，公園の財源を徴収することを正当化
する可能性もある（外部経済の及ぶエリアや人々が多大であればあるほどその
可能性は高まる）．この時，外部経済の重要性が高いならば，「公園を直接に，
多く使用する人ほど公園についての財源を，より多く負担する」という点が貫
かれなくとも，その財源を税で徴収することが容認される可能性がある．

　しかし，このような外部経済ゆえの財政による財・サービスの供給について
は，その水準の具体的決定において，多くの議論が生まれる．例えば，外部経
済がほとんどないような公園が税金によって供給されてきて，国民の批判を
買っている場合などもある．現実には，外部経済の存在自体を明確に確認する
ことは難しく，たとえ外部経済が生じることが明らかであっても，それがどれ
ほどのレベルで生まれ，具体的に誰にどれだけの便益をもたらすかを明らかに
することは非常に困難なのである．

(3)　政府のパターナリズム

　前記の義務教育については，義務教育を政府が供給する意図が，政府のパターナリズムによって説明されることがある．すなわち，親の中には，学校に行かせる資力がなかったり，家計の足しにするために子供を働かせることを望んでいたりして，子供が教育を受けることに積極的ではない者もいる．また，子供自身がそのように考えて，親を説得する可能性も皆無ではない状況に対し，政府がパターナリズム（父親的温情主義）によって，親に代わって，子供が教育を受けることを決定し，教育を供給しているとのものである．

　このように，排除性があるにもかかわらず，政府がパターナリズムによって供給する財・サービスを，価値財（メリット財）と呼ぶことがある．教育の他にも，学校給食や低家賃公営住宅，医療なども価値財である．

　政府のパターナリズムによって供給されるものについては，次の2つの見方が成り立つ．例えば教育を例にとるならば，一つには，教育が外部経済を生むゆえに必要である，という立場ではなくて，教育は，子供たち自身が生きていくために必ず必要で，どの子供たちにも教育を受けさせるべきであるという立場から，人々の消費者主権を制約してまで，パターナリズムによってある一定量の消費を確保するものとの見方で，もう一つは，人々の消費者主権を制約してまでも，生み出す価値のある外部経済があるから，政府が，パターナリズムによって，ある一定の消費を確保するとの見方である．両者のもっとも大きな違いは，前者が，外部経済を重視する必要がない（あるいは外部経済は生まれない）との判断の上で，外部経済とは別の理由によって，政府がパターナリズムを発揮して，サービスを与えているのに対し，後者は，外部経済が生じ，それを重視すべきとの判断で，政府がパターナリズムを発揮し，サービスを与えている，という点である．政府が供給する財・サービスにはどちらのケースも生まれ得る．後者については，外部経済の重要性が明らかであるならば，特にパターナリズムという点を考えずとも，すでに本項(2)で考察したように，外部経済により，政府の供給が必要となるという説明で必要性の根拠は示されて

いると考えられる．しかし特に温情主義という点が強調されることになる前者については，さらに政府がパターナリズムを発揮する要因として，本項(4)で見る，人々の「近視眼的な行動」や次項(2)でみる「リスク軽減機能」があげられる場合もあるであろう．

　さらにパターナリズムという点について留意したいこととして，次のことがある．政府のパターナリズムによって供給される財・サービスは，次節で見る所得再分配（人々の所得格差の是正や人々の最低限の生活保障）に影響を与え，その達成に貢献する面がある．義務教育を例とするならば，義務教育を全員が受けることによって，将来の所得格差が是正され，最低限の所得を稼ぐことができる可能性が高まるなどである．留意すべきことは，この時に，政府がパターナリズムを発揮して，財・サービスを供給する目的が，所得再分配のみにあるとは決して言えないという点である．もしも所得再分配のみが目的ならば，つまり所得格差を是正し，最低限の生活保障のみを目的とするならば，税を高所得者ほどより多く徴収し，その財源で，貧困等に陥った人に，金銭を給付するだけでよいということにもなる．また，義務教育に限って言うならば，経済力のある親からは授業料を取ることが，所得再分配において有効となり得るので，そのようにすべきとの主張も生まれてくる．しかし，そのようにはなっていない．つまり，高所得者ほどに多くの税を取り，生活保護を実施する，ということのみが行われている状況はなく，全ての人々に義務教育という特定のサービスを保障し，その際に親の所得に応じて授業料を取るわけではない．このような状況となるのはなぜであろうか．そのことを説明するためには，所得格差の是正や最低限の生活保障の達成とは異なる目的がなければならないということになる．その目的が，本項(4)で見る人々の「近視眼的な行動」に対応することに関係している可能性は皆無ではない．あるいは，次項(2)で見る所得格差の平準化や最低限の生活保障と深いかかわりを持ちながらも一線を画す人々の「リスクの軽減」のためなどである場合も皆無とは言わない．

　しかし特に義務教育について，所得格差にかかわらず全員に無料で，これを

提供している点については，完全には説明のつかない可能性が高い．全員に無料とする，という現行制度においては，その対象者には高所得者も含まれる．これら高所得者について，授業料を無料とすることに，明確な説明はつけ難い．高所得者であれば，近視眼的な視点から，目先の困窮等に際して近視眼的となって，子どもを小中学校に通わせないといったことは考えられないから，近視眼的になり子供を小中学校に通わせない理由は皆無な可能性がある．また，授業料を無料にして貧困に陥るリスクを軽減する必要性も高くはない．したがって，この点（高所得者の義務教育を無料にする点）に関しては，外部経済とは無関係に，これからの社会を担っていく子供一人ひとりの成長を，社会全体で支えるべきとの価値観が，国民に強く根付いているゆえに行われている，と判断できるかもしれない．この場合はまさに，外部経済ではない立場からパターナリズムが主張された結果として，政府支出が行われたと考えられる状況ともとれる．

(4)　近視眼的な行動

　さらに資源配分の必要性を追究していこう．人は，自分の将来や将来世代のことを十分に頭に入れないで，目先のことだけを考えて行動してしまう可能性をもっている．こうした行動を近視眼的な行動という．つまり，経済活動を続けていく個人の視野には限界があると考えられるのである．例えば，人々が近視眼的に行動すれば，遠い将来に生じるかもしれない環境汚染問題を適切に考慮することはまれである．いつかは枯渇する化石燃料に代わる代替エネルギーの開発，あるいは人類に大きな被害をもたらすと考えられる地球温暖化を抑制するための，化石燃料に代わる代替エネルギー開発についても同様のことが言える．つまり代替エネルギーの必要性（これは地球温暖化の抑制，化石燃料枯渇・不足可能性の双方から主張される）を，人々が，近視眼的な行動をとるがゆえに十分に評価しない可能性があり，その状況下，自らの利潤の最大化を目的に行動する企業も，すぐに販売の増加に結び付かない代替エネルギーの開発

には着手しない可能性がある．こういった問題に対応し，現在だけでなく，将来のことも視野に入れて，人々の効用を長期的に見て最大化することを政府は目標とすべきであろう．そしてそのために税金が投入されることが正当化され得る．

　上記であげた，将来のエネルギー開発という例を念頭に，さらに説明を加えておこう．もし，人類が，目の前のエネルギーのことだけしか考えない場合（＝視点が近視眼的な場合），人々は，将来のエネルギー開発にお金を出そうとはしない（将来のエネルギーを購入する主旨で，開発に投資しようとはしない）．一方の，供給者側の企業も，人々が将来のエネルギーを，今，購入しよう（それにお金を出そう）とは一切しないから，将来のエネルギーの開発をしようとはしない，といった状況が続いたとしよう．将来において（有用なエネルギーが不足する可能性の下では），人々の最低限度の生活が保障されない可能性がある．エネルギーの枯渇状態は，例えば，考え得る方向性として，寒いエリアでは，そこでの居住が不可能となり，移動を余儀なくされ，貧困の原因となる（もちろん，僅かに残っているエネルギーは，皆で取り合いになり値段が高騰し，貧乏な人にはいきわたらない．だから貧困層が増える）．また，エネルギーがあってこそ，機械が稼動し，食糧生産が可能となる状況が多いことから，エネルギー不足は，貧困どころか，飢餓をもたらす可能性もある．このような状況では，社会は混乱し，様々な外部不経済が生じる可能性がある．貧困の結果，治安が悪化したりすれば，エネルギー問題に加うるところの，さらなる社会的な混乱が，多大な人々に及び，大きな被害をもたらし得る．エネルギー不足とは関係の薄い人々にも大きな被害が及ぶかもしれない．また，地球温暖化を抑制するために，化石燃料には依存できないと考えられる中，代替エネルギーを開発せずに化石燃料を使い続けるならば，気候変動の下，農産物の生産ができない地域が生まれるなどして，貧困が生じる可能性もある．そして，こういった悪影響を防ぐことは，外部経済を生むこと（ある行動とは直接的に関係の無い人に及ぶデメリットをなくすということなので，つまりは，ある行

動とは直接に関係の無い人に及ぶメリットを生むこと）と考え得る．つまりエネルギーの開発は，重要な外部経済を生むと考えることができる．

　このような外部経済は，すでに（本項(2) iv　財政支出と外部性で）示した通り，民間企業によっては十分に供給されない可能性が高い．

　そしてさらに重視すべき現実の問題として，新エネルギーを利用可能なレベルにするためには，大変な時間と，多大な研究開発費が必要である，という点がある．この時，民間の会社も人々も近視眼的な行動をとり，エネルギーの開発など，ほとんど話題とならないという状況が十分に起こり得る．つまり企業，人々が近視眼的な行動にとらわれたがゆえに，いざ，近い将来に，それらエネルギーが必要不可欠な状況を全員が認識した時は，時すでに遅しで，対応しようにも全く何もできない状況となる可能性が高いのである．また，もしも万が一にも，開発のために必要な時間が十分に確保され，開発の必要性が一部の人々によって認識されたとしても，開発の費用が莫大であるという事実が，多くの人々の近視眼的な行動をより強固なものとしてしまい，開発が行われない可能性も十分に考えられる．宇宙開発などについても，同様の議論が成り立つ可能性がある．もとより，宇宙開発は，将来枯渇する可能性がある，地球上のエネルギー，または資源が不足する事態に対応するため，および地球温暖化を抑制するために行われている面がある．月には多くの資源が眠っているとの指摘もあるし，太陽光発電を宇宙で行い，地球へ電力を送ることが，効率よく永続的に温暖化ガスを排出しないエネルギーを確保する方策となる可能性などが指摘されている．そしてこういった開発には，莫大な費用がかかる可能性が高いのである．

　なおここで，念のため留意しておきたい点がある．それは，人々の近視眼的な視点に財政が対応する（つまり財政支出がなされる）ケースは，上記で示した，将来のエネルギー開発のように，現在に，（人々の近視眼的な視点に対応し）財政による対応がなされることによって，将来に，多大な外部経済が生じる等の，広く多くの人々に良い影響が生じる，という場合にのみなされる，と

いう点である．当然に，近視眼的な行動が，個人的な後悔や，個人的なデメリットを，その人にのみもたらすケースにおいて，それを避けるために財政支出がなされることはない．

(5) 国と地方公共団体による資源配分

　上記のような理由による，政府による資源配分は，国（中央政府），地方公共団体（地方政府）の双方によって行われている．国民にとって，もっとも有効な形で公的な財・サービスを供給する行政主体が存在すると考えられる．国防や，多数の地方公共団体の管轄エリアにまたがり行われる大規模な交通整備事業など全国的，広域的な見地から実施することが望ましいものや全国的な統一性が有効なものは国が行い，地域住民に身近なもので，地域的な利害や実情を踏まえて意思決定することが適当なものは地域住民に身近な地方公共団体によって行われることが望ましい．

　しかし，全国的，広域的見地および統一的処理を必要とするからといって，必ずしも，国が実施しなければならない，ということになるわけではない．国は，法令等で最低限守るべき基準を定め，それ以外の部分については，地方公共団体に任せて，地方公共団体の意思決定（地域の実情に即した個性）を尊重することが有効な場合もある．

　なお，この指摘は，次に見る所得再分配に関する財・サービスの供給についても同様に言える．

2．所得再分配

(1) 所得再分配

　所得再分配とは，国民の最低限の生活を保障し，高所得者と低所得者の間の格差を平準化する，という財政の機能のことである（ここでは，所得階層間の所得再分配に注目することにする）．

ⅰ．最低限の生活保障が必要な理由

　日本国憲法は，第25条において「国民は，健康で文化的な最低限度の生活を営む権利を有する」と定めている．憲法の定めに従い，国は最低限の生活を保障する必要がある．それゆえ，生活に必要な所得を得られないものについては，国が，それを補償することになる．

　最低限の生活を保障することの経済的な有用性についても，次のように要約できる．「生活困窮者が増えると犯罪が増え，社会秩序が乱れる可能性がある．生活に困るというのみならず，社会的不公平に対する不満も増大するからである．これは経済活動の阻害要因となる．社会的規律に従わない者が増えると，良質な労働力を得るのも難しくなる」（速水昇・小田幹雄編著『公共部門の経済活動と租税』学文社，平成19年，p. 16）．こういった弊害およびその抑制のメリットは外部性であり，そしてここでいうメリットは（ⅱ．所得格差の是正が必要な理由で示す，所得格差の是正の成果にも該当するものとして）おおむね，社会の安定の達成という表現で括り得る領域であると考えられる．また，生活上の困難ゆえに教育を得る機会が少ないと，既述のように，教育の外部経済が生じず，経済的な非効率が生じる可能性も高まることになる．

　そして，このような最低限の保障に要する財源は，高所得者ほどより多くを徴収される税金システムによって賄われ，所得格差は平準化されることになる．

ⅱ．所得格差の是正が必要な理由

　所得再分配は，国民の最低限の生活を保障することに加えて，国民全般に対して行われている．つまり，ある程度の所得のある人々の間においても所得格差の是正が行われている．この状況も所得再分配の一環である．高所得者ほど高い税率で税金を支払い，その財源で，国民の最低限の生活保障をすることに加えて，道路や下水道といった，非排除性や外部経済のある財が供給され，多くの人が同じようなメリットを得る状況がある．これも所得格差の是正である．

　ではなぜ，このような所得格差の是正（特に税金による是正）が行われるの

であろうか．所得が大きい人は，その大きい所得を得るために努力している状況もあるのだから，そのままでよく，所得格差を是正する必要はない，と考えることもできる．それなのになぜ，所得格差の是正が行われているのであろうか．それは，最低限の生活を送れない人を保護する必要に加え，その程度は，時代ごとに，各人ごとに異なるが，「あまり大きな個人間の所得格差は望ましくない」という同方向の価値観を，国民がある程度共通に有していることに起因している側面があると思われる．そして，この価値観が軽視された時，紛争や混乱が生じる等，社会が不安定となる可能性が高まるのである．ゆえに所得格差の是正が意味をもつことになる．

この共通の価値観を生み出す根拠としては，主に以下がある．第1に，機会の平等が保障されているわけではない，という点がある．人々は，生まれながら平等の条件の中にいるとは限らない．親の所得に応じて高い水準の教育を受けることができる者もいれば，そうでない者もいる．親からの財産相続によって，働かなくとも大金を手にする人もいる．また，災害など事故や病気などのトラブル等，本人に必ずしも原因が求められない災難にも機会の平等は影響を受ける．つまり，全ての人に対して機会が平等に用意されているわけではないのである．このような，各人の努力とは無関係に生まれ得る有利・不利な条件の違いの存在という現実があるがゆえに，その結果，発生する所得格差をそのままにしておくべきではない，との考え方が生まれている面がある．

第2に，市場メカニズムが，全ての市場において完全に機能するとの保証はないという点がある．例えば，労働についての市場に注目すると，各人の労働に対する報酬は，その人の生産性や能力に応じて支払われる傾向となると考えられる．市場メカニズムが機能するならば，企業が，企業の欲する人材の確保を行った結果，企業の利益に貢献するレベルの高い，生産性や能力が高い人の給料が高まると考えられるからである．しかし，現実には，生産性や能力を個別に測定することは容易でない．場合によっては，不完全な評価のために，ある人は不当に高い，別の人は不当に低い報酬を受けることになるかもしれない．

36

　さらに，人々の慈愛心という点についても留意する必要がある．もしも機会の平等が確保され，市場メカニズムが完全に機能している場合でも，結果として生じる所得格差を，慈愛心から是正すべきであると考える人々は，低所得者に限らず存在している．たとえ，それが公正な競争の結果であったとしても，所得格差をある程度は，是正していくべきだとの価値観をもつ人は少なくはない．また，この価値観に加え，「高所得者といえども，予期せぬ未来の不確実な要因によって所得が減少していく可能性をもつ」という点も，人々が格差是正を認め，あるいは求める一要因となっている可能性もある．

　なお，特に，1番目と2番目の状況について，国民一人ひとりに対し，誰が有利で誰が不利か，誰が妥当で誰が不当かを完全に明らかにしていくことは不可能である．その不可能ゆえに，格差が広がりすぎるのを良しとしない通念が生まれている点に留意すべきである．

ⅲ．所得再分配をどこまで進めるべきか

　最低限なレベルをどこに定めるかとともに，その最低限以上の水準にいる人々の間での所得格差の是正をどこまで進めるか，という所得再分配のレベルは，国民の価値観に基づく，国民の判断によって決定されることになる．具体的には，世間一般に所得再分配が承認されている状況下，人々が，再分配のあるべき程度について様々な価値判断をする中，各種の専門的な視角からの様々な追究，解明を含む，あらゆる観点，選択の結果がもたらす影響を十分に理解した上で，人々がもっとも納得するところの多数派の意見に従うことが有効である．しかしながら，この点はあくまでも方向性を論じる域内での話である．例えば，一言に「人々の納得」「多数」と言っても，これを十分に把握することは容易ではない点には留意すべきである．もとより無党派層や無投票層も多い中で，どれが多数であるかを判断することは，極めて大変である．また，現状の意思決定システムにおける多数決による決定が，民主主義における意思決定を行う上で，必ずしも万能であるとは限らない点などにも十分な配慮が必要

である（下記，コラム参照）．

　なお，所得再分配が行われた結果，人々の所得格差が縮小されすぎると，次のような問題が起こる．つまり，他者より努力したのにその努力に見合った所得を得られないと感じる人が増えて，その人たちのやる気がそがれ，社会全体の活力が失われる可能性が生まれる．

　もとより，国民が，専門的な観点も含む社会の様々な状況について，必ずしも十分な情報を有し，認識があるとは限らない中で，所得再分配のレベルの決定を人々の価値判断に求め，多数派に従った結果が，完全に妥当な結果をもたらすとは限らない点にも十分に留意する必要がある．所得再分配に関する最終的な判断は，十分な状況把握と関係する社会状況への認識を少しでも多くの人々が共有する中で決定されていくべきである．

(2)　社会保障関係費による財・サービスの供給とリスク軽減機能

　続いて，わが国の主要な政府支出である社会保障関係費によって供給されるサービスがもつ，人々が貧困に陥るリスクを軽減する機能について示そう．

　社会保障関係費によって供給されている生活保護，社会保険，母子家庭への援助，障害者への援助，伝染病の予防等，公衆衛生などは，人々が貧困に陥る可能性を，貧困になる以前に低めるという，リスク軽減機能を有する面がある．すなわち，各人がそれぞれに抱える不利な状況に対応し，貧困に陥るリスクを軽減することを意図しているととらえることもできる．なお，この機能は，所得格差是正に直接的に寄与するわけではないが，貧困に陥るリスクを軽減するという視角から，所得再分配の目的の達成に貢献している．

　社会保険である医療，年金，介護，雇用保険については，その給付を，税金や保険料で賄うことによって，「給付を受ける本人や家族が貧困に陥る可能性を軽減している」ととらえることができる．また，生活保護や他の社会的弱者保護についても，貧困の度合いに応じて給付をもらう傾向があるので，貧困に陥るリスクを軽減しているととらえることができる．

38

コラム　投票についての留意点（投票のパラドクス）

　意思決定の際に多数の合意が必要な場合，個人の選好を反映して，社会全体の意思決定がなされることを社会選択という．社会選択に迫られた場合，民主主義体制の下では，一般的に多数決が採用される．しかし，18世紀のフランスの数学者・哲学者であるコンドルセは，多数決では合意できない可能性があることを示した．このことを投票のパラドクスという．

　例として，個人A，B，Cの3人からなる社会において，社会保障を充実させる政策（これを社会保障政策と示す），公共投資を充実させる政策（これを公共投資政策と示す），支出を抑制し負担を低くする政策（これを低負担政策と示す）の間の選択に直面している状況を考える．いま，各人にとっての政策の優先順位が下表のように決まっているものとすると，多数決による意思決定はどのようなものになるだろうか．

　まず社会保障政策と公共投資政策を比較すると個人Aは公共投資政策を個人BとCは社会保障政策を選ぶので多数決で社会保障政策が選ばれる．次に公共投資政策と低負担政策を比較すると，個人Cは低負担政策を選ぶが個人Aと個人Bは公共投資政策を選ぶので多数決で公共投資政策が選ばれる．そして，社会保障政策と低負担政策を比較すると個人Bは社会保障政策を選ぶものの，個人AとCは低負担政策を選ぶので，多数決では低負担政策が選ばれてしまう．つまり表のような優先順位の下では，多数決によって結論を出すことができない．

	社会保障政策	公共投資政策	低負担政策
個人A	3	1	2
個人B	1	2	3
個人C	2	3	1

図1-5　投票のパラドクス

　さらに，障害者への援助なども，必ずしも対象者が貧困であるとは限らない中で援助が行われている部分があり，特にその部分については，「人々が貧困に陥る前に，貧困に陥るリスクを軽減している」という働きがあると解し得る

ケースもある．もちろんのこと，障害者や母子家庭への援助については，国民の倫理観に依存する部分も大きい．こういった国民感情を無視して，保護をしないと，（貧困者を放置した場合も同様に）反対する政党が激しく抵抗するような政治的混乱や抗議行動の激化などにより国会運営に支障が生じるなどの社会的混乱が生じる可能性もある．

　予防接種についても，重い伝染病にかかり，入院して長期間働けなかった場合には，働けず，貧困となる可能性があるから同様である．予防接種が，所得格差の是正に，直接的に寄与するわけではないが，貧困に陥るリスクを軽減するという視角からは，所得再分配の目的の達成に貢献している．

　貧困に陥ってから救済するよりも，貧困に陥ることを抑制することにメリットがあるならば，そのメリットも，社会保障への支出を税金によって賄うことを正当化する根拠となる．

　そもそも，事後的な対応である（貧困と認定された後に救済する）生活保護は，対象者が，自ら自治体へ申し出ることによって，はじめて，保護対象となるか否かの調査を受けることとなるしくみである．つまり，申請しない限り，貧困であっても，保護対象とはならないのである．自治体は，保護の申請を受けて，預貯金，不動産などの資産を調査し，扶養義務者による扶養の可能性，さらには就労の可能性などを調査し，支給するかどうかを決定している．このようなしくみにおいて，現実に，保護を受けるだけの経済的困窮のない者に保護が行われている状況が指摘される中，貧困に陥った者の救済に際し，対象者が貧困であるか否かを審査するために要する時間，労力，費用が相当にかかる可能性もある．そのような中で，その審査が妥当とは言えないケースも生じている．すでに述べたように，保護すべきではない保護対象者に対し保護が行われていた事実が少なからず指摘される中で，十分な保護が行われなかったケースも生じている．しかしながら，その原因の全てが生活保護行政の担当者にあるとすることも困難である．例えば，就労の可能性を判断することは非常に難しい面がある．保護対象者のおかれている社会状況が逐次変化する中で，適切

な判断を下す必要があるゆえである．加えて，保護対象者の状況が，保護を得た後に変化していく状況に対応することも容易とは言えない．保護すべきではない保護対象者に保護が行われていたケースの中には，保護後の保護対象者の変化に十分に対応できなかったケースが見られる．このような保護対象者への中長期的な対応は，多くの費用と労力を必要とする．景気の低迷期には，生活保護の現場で働くケースワーカーに過度な負担がかかり，限界を超える事態となって，十分な保護が行われていないとの報告もある．

　他方，現行の生活保護における保護対象者の捕捉率は，必ずしも高いとは言えない．しかし，捕捉率が低いからといって，保護対象となる人々を，政府側が探すとなると，それこそ大変な労力と費用が必要となる．

　このような状況に対応して，あらかじめ貧困となるリスクを抑制する対策を講じる方が，無駄な保護や労力がなくなり，費用が軽減される中で，多くの人を貧困に陥らせずに済む可能性もあるし，さらには，あらかじめ貧困を抑制する対策を講じることによって，貧困に陥る確率の低い社会となることによる，安心感が生み出す外部経済が生じる可能性も皆無ではない．

　社会保障関係費ではないが，中小企業への援助にも，同様に「人々が貧困に陥る前に，お金を与え対処している（つまり貧困に陥るリスクを軽減している）」という働きがあると考えられ，さらに効率的な資源配分に反する非効率な部門が存続しないように十分な配慮がなされるならば，これによって人々が奮起し，ベンチャー企業の起業等のチャレンジが生まれ，国全体が生産力や競争力に長けるという外部経済が生み出される可能性も考えられる．しかし，このような外部経済が，本当に十分に生まれているか否かは議論のわかれるところである．

(3)　ナショナルミニマムと地方財政調整

　所得水準の高い人ほど税金を多く支払い，それを財源に，最低限の生活を送ることができない人々の生活を保障していく，という所得再分配が行われてい

る．しかし，最低限の生活の保障は，低所得で苦しんでいる人々に，単にお金を与えるだけで達成されるとは限らない．最低限の生活を送れない人々の具体的な状況を見ていくと，その人々に，かなりのお金を与えても，最低限以下の過酷な状況を克服できない場合もある．例えば，人里離れたへき地に，老人ばかりが住んでいる村があったとしよう．この村の人々が，最低限の生活を送るためには，少なくとも村と市街地とを結ぶ道路が，十分に整備されていなければならない．そうでなければ，村民が急病になった時に，救急車が速やかに向かうことができず，最低限の生活どころか，命さえ落としかねない．

　ライフラインが整備されていないエリアに暮らさざるを得ない「（例えば）老人等」は，結局のところ，生きていくためにさらに多くのお金を使わざるを得ず，貧困となる可能性がある．そこに住み続けながら多大な出費に苦しめられることにもなろうし，場合によっては，そこに住むことができなくなることもある．その場合，職や家屋等資産を失うことにもなろうし，もしも親族等と暮らすことになり引っ越した場合でも，「老人本人」および，その老人に，自らの住居まで引っ越してもらい，ともに暮らすことになった親族にしても大変な費用負担となり得る．すなわち高齢化社会が進む中，「親族」をも巻き込み，貧困状態が増加することともなり得る．また，（条件，状況に応じて変わり得るものではあるが）老人が，住みなれた土地を晩年に離れる際に生じるストレスが大きく，本人および家族も含め，お金では解決できない多大な精神的負担を強いられる場合も考えられる．こういったことは，貧困とは少し異なり，精神的な面において，人々に疲弊をもたらし，貧困から生まれる治安の悪化と類似のトラブルを頻発させる可能性もなくはない．一国全体において，人口減少が進む状況では，上記のような移住を避けられない可能性もあるが，その変化の過程において生じるデメリットへの対応が不要ということにはならないと考えられる．

　また，最低限の生活を送ることができない人々を救うこととは無関係に，先ほどの，老人ばかりが住む人里離れたへき地へ続く道路がないケースのように，

ライフラインが整備されない状況は，国民の命にかかわるので，国民の命を守るという点から，ライフラインとしての道路や電気は税金によって確実に作られねばならないケースがある，と素直に考えてよい．これも，道路等ライフラインを税金で作らねばならない重要な理由（ナショナルミニマムの達成）の一つである．

　同方向のことが，電気，ガス，上下水道，電話，病院等医療機関整備（これらによって生じる外部経済も含めたもの）についても言える可能性がある．このような財の必要性は，各人にお金があれば解決するというレベルのものではない．当然，個人の負担では，これらの財・サービスを整備することはできないので，国が一括して供給していくことが必要である．生活保護などで，過酷な生活状況にある各個人に給付が行われる一方で，国は，人々の最低限の生活（ナショナルミニマム）を達成するために，国内全般において道路，電気，ガス，水道などのライフラインに関する事業を進める必要がある．

　なお，ライフラインの整備が極端に進められない場合には，人の住めるエリアは狭まり，その狭いエリアの土地を人々が取り合い，土地の価格は高騰し，ますます，そこへ移り住んでくる人の貧困化をもたらす可能性もある（経済成長率や人口増加が，飛躍的，持続的に，高まる状況ほど，この可能性も高まる）．このような可能性が高い場合に，貧困に陥る人を，（ライフラインの整備なしで）生活保護のみに依存して救済することは，長期的に考えて，マイナスが大きくなる可能性がある．高い土地の値段ゆえに，ほとんどのアパートの建設価格が高騰し，高い家賃を支払わなければならなくなったところで，生活保護を交付して生活を保たせるのは大変である．その上，インフラストラクチャーの整備が有している貧困抑制以外の外部経済が足りないがゆえに，長期的な経済成長がほとんど生まれなくなる可能性も生じ得る．もちろん，これらの可能性は，背景や状況に応じて様々に異なる結論となり得るが，インフラストラクチャーの整備が進められなかった結果，長期的な観点において，効率の悪い貧困対策が行われる可能性がある点にも留意すべきである．

また，次の点にも留意が必要である．上記のような，ライフラインに関する事業を，国が進めるとなると，その財源の中心は税である．この時，税収入は，人口や企業が集中する首都圏や名古屋圏および大阪圏においてその多くが徴収されている中で，その税の多くを，首都圏や名古屋・大阪圏に比べて，税収入が相当に少なくしか徴収されない過疎地域等に投入する状況になる．なぜなら，過疎地域は，税収入が少ない状況に応じて，ライフラインに関する財（道路や水道水を運ぶパイプの長さ等）の必要量が少なくなるわけではないからである（過疎地域は人が少ないから税を支払う人も少なく税収も少ないが，道路の長さや水道水を運ぶパイプは必ずしも，少ない税収入に見合って少しで済むとは限らない）．この状況に対応し，このような税収入と必要な財の供給量とのギャップを調整することが必要である．このようなギャップを，地方政府の財政との関係において全国的に調整していくことを，地方財政調整という．国民の最低限度の生活を保障する過程において，地方財政調整は不可欠な対応である．

　そして，この地方財政調整は，日本においては，主に地方交付税（交付金）という地方公共団体への補助金によって担われている．

(4)　社会保険の必要性

　現在，社会保険への税金等財政財源の投入が，財政支出に占める比率は急増している．その結果，財政の一環として，公的保険の意義が問われることが多くなっている．

　社会保険は，あらかじめ政府が，人々から保険料などによってお金を集めておいて，人々が病気になったり，災害にあったり，さらに他の原因によって困難に陥ったときに，集めたお金を分配する（この分配を給付という）しくみである．

　ここでは，所得再分配に大きな影響を与える社会保険（特に規模の大きい医療，年金等について）の意義とそれへの税金投入の意義を，示唆していきたい．

ⅰ．民間の保険会社に委ねたのではうまくいかない理由

　（＝国民全員が強制的に加入する社会保険が必要な理由）

　そもそも保険は，民間によっても行われている．それにもかかわらず，政府が，国民全員を加入させる方向で社会保険を運営しているのはなぜであろうか．それは次のような観点から説明できる．

　ａ．情報の非対称性

　公的な保険制度が容認される一つの理由として，市場で取引される保険は，情報の不完全性が問題となる場合がある，という点がある．

　例えば，日本の医療は，「国民皆保険」といって，全ての国民を強制的に公的な医療保険に加入させるしくみになっている．もし，医療保険を民間の保険会社に任せ，保険に加入するか否かを国民個人の自由に委ねたならばどうなるであろうか．可能性として，疾病リスクの高い人ほど医療保険に入ろうとし，逆に疾病リスクの低い人ほど保険に入ろうとしない状況となり得る．一方，保険会社は，各個人の疾病リスクを全て知ることは困難であるので，加入者を選別できない可能性がある．これは，個人と保険会社の間に情報の非対称性が存在する状況である．そして，このようにリスクの高い人だけが保険に加入する状況を逆選択という．この時，医療保険に加入する人は疾病リスクの高い人ばかりなので，保険会社は赤字となってしまう．もしもこの時，保険会社が保険料を引き上げるならば，さらに疾病リスクの高い人のみが保険に加入する状況となり，結局，保険が成立しなくなる可能性がある．このような事態とならないために，政府は，国民を強制的に保険に加入させて，保険料を支払わせる公的な医療保険を運営している．なお，介護保険や雇用保険および年金に関してもおおむね同様の議論が可能となる．

　ｂ．近視眼的な行動と公的年金

　前項(4)近視眼的な行動，においてすでに説明したように，人々が近視眼的な行動をとる状況では，将来におけるリスクの存在がきちんと認識されず，リスクに対する十分な備えがなされない可能性がある．この場合には，政府が，

強制的に，個人がリスクに対して備えるということ（つまり公的な保険）を行わせる必要が生まれる．若い人たちの中には，老後のことをあまり心配せずに，その日，その日を楽しく暮らそうと行動してしまう者も存在するであろう．公的年金や介護保険は，そういった人々にも，政府が強制的に保険料を支払わせて，高齢時に備える制度であると解釈することが可能な面をもつ．なお，人々が近視眼的な行動をとる，という点は，年金以外の公的保険が社会保険であるべきことの裏づけとなる側面もある．

しかし，特に年金に関して見るならば，他の保険とは異なり，通常においては，加入者全員が，年を経て高齢者となることが確実である中，個々人の責任によって老後に備えることが，ある程度は可能であり，必ずしも，現在のような手厚さで国民全員加入の公的な保険とする必要がないとの考え方も生まれ得る．

ⅱ．公的医療保険，公的年金保険の必要性—弱者保護だけでは説明されない意義—

上記までで，民間の保険が，社会保険の機能を十分には果たさない可能性が示されたわけであるが，さらにここでは，社会保険の必要性を，生活保護（最低限度の生活を送るだけの収入のない人に，その貧困度合いに応じて政府が金銭給付を行うなど）の方式と同方向の方式（つまり低所得であるほど給付を手厚くする方式）で行い得るか否かを考えることを起点に追究していこう．そのことによって，生活保護では代替できない社会保険の必要性を示すことができる．

公的医療保険があるがゆえに，誰もが医療機関のお世話になった時に，保険からお金が出て，本来要するよりも低い料金で医療サービスを受けられる．しかし，この時に保険から支出される金額が，かかった総医療費に占める割合は，高所得者も低所得者も，一部の例外を除き同じ比率である．しかし，社会的弱者保護，という点を重視するならば，高所得者と低所得者に対し，同じように

医療費を保険から支払うのではなく，低所得者であるほど多くを支出すべき（与えるべき）という考え方もできなくはない．

　しかし，この点は，現実問題として実施が困難な面がある．なぜ困難かというと，その理由の一つは，医療サービスを受ける人の多さである．

　生活保護においては，最低限と考えられる基準以下の生活を送る状況にある人々に給付を与える際に，その基準以下の生活しか送れない人を審査し，本当にその人が「定められた基準以下の状況にあるか否か」を判断するのは非常に大変である．生活保護は，原則，生活が苦しい人々が，市役所等に自ら申し出て，その後，チェックを受けて生活保護を得られるか否かが決定されるが，その時のチェックが十分に行われておらず，クレームが出たり，問題点が指摘されたりすることもある．とくに不況下において，保護を受けることを申し出る人が急増する状況下，トラブルが生じている．このようなチェックを，さらに医療についても確実に行い，医療保険の給付に差をつけることは，医療サービスを受ける者の多さから考えて困難である．国民においては，むしろ，1年間にまったく医療機関の世話にならない人は少ないと言える．若者でさえ，スポーツなどをやっていると，少なからず怪我をするし，インフルエンザにかかったり，風邪によって，医療の世話になる人は数知れない．これら全ての人の状況を完全に調査することは，現在のシステムの下では不可能である．（但し，今後，マイナンバー制度が定着，進展する中で，新たな展開が生まれる可能性はある）．このような実行上の問題にも影響を受けて，現行の公的医療保険制度は，低所得者といった社会的弱者を十分に重要視する制度とは言い難い（現実に，生活保護対象者は，生活保護を受ける段階で，国民健康保険から脱退し，医療費は生活保護の医療扶助から支払われている）．このような状況から，現行の公的医療保険制度が必要とされる理由を，社会的弱者保護のためという点のみから示すことができないことがわかる．

　医療保険および他の社会保険に期待されているもっとも大きな機能は，リスク・プーリング「社会全体でリスクに備える」機能である．これは人々が社会

全体で，日ごろから少しずつお金を出し合っておいて，リスクが現実のものとなった人（それが自分自身である可能性もある）を救済しようとするしくみのことである．自分だけで，リスクに備えるのでは，たとえそのリスクによって，生活保護の対象者となるほどの状況にまではならなくとも，経済的に相当に困難な状態となる可能性も考えられる中，リスク・プーリング機能があれば，救済される可能性が高まることになる．このしくみがあってこそ人々は安心して経済活動を行うことができ，その生活の安定から外部経済が生まれることも期待できる．また，これに加えて，本項(2)で見たように，社会保険には，例えば貧困に陥るといったリスクを軽減するリスク軽減機能も期待されている．だから，保険料に加えて，さらに税金を投入し，手厚く運営しているのである．なお，これらの機能は，程度の差こそあれ，他の社会保険にも同様に期待されている機能で，他の保険についても，その必要性を示す重要な要素である．また，再度，念のため付け加えておくと，このリスク軽減機能が，よりリスクの高い人（低所得な人）ほど給付を大きくする形となり，（例えば医療保険のように）それが徹底されない理由は，すでに述べたように，そのようにすること，つまり貧困の程度を把握し，それ（低所得というリスク）に応じて給付をすることが事務的に困難だからである．

　一方，年金保険においても，高齢者が受けとる給付が，その高齢者の所得状況に応じる（所得が低い人には手厚い給付がなされる）わけではなく，高齢の貧困者の保護は主に生活保護制度によって行われている．高齢者の経済状況を調査することは，医療サービスを受ける人々に対してそれを行う場合よりも，若干容易かもしれない．しかし，高齢の貧困者保護が，公的年金制度そのものではなく，主に生活保護に依存して行われているのは，公的年金制度がもつ将来のための「ある程度の余力としての備え」という性格によっていると考えられる．もちろん，経済状況や人口状況に応じて，財源の状況は様々に変化するので，必ず支払った保険料に応じた給付を得られるという保証があるわけではないが，人によって異なる保険料で集めた年金財源の多くを，現在の所得状況

（老人になった時に高所得者であるか低所得者であるか）に応じるように分配
することは困難な可能性がある.

　では，（高齢の）貧困者を保護する生活保護制度があるにもかかわらず，公
的な年金制度が必要とされる理由は何であろうか. 医療保険の際に示した，リ
スク・プーリング機能や近視眼的な視角への対応，リスク軽減機能から説明さ
れる部分は確かにあるが，医療保険に比べると説得力が弱い.

　確かに現行の年金制度は，高齢者が積み立ててきた財源ではなく，現在の現
役世代が支払っている保険料や税金が充当されている部分が大きいので，リス
ク・プーリング機能，リスク軽減機能が備わっているととらえることは可能で
ある. つまり，老後における所得稼得能力の低下というリスクを社会全体でカ
バーし，リスクを低減する機能があると言える. また，基礎年金部分があるの
で，同じ世代の高齢者でも，所得の格差が是正されている状況もある. さらに
は，リスク・プーリング機能によって生まれる安心感が外部経済をもたらす可
能性もある.

　確かに，自らが何歳まで生きるか，あるいは何歳まで十分に働けるかを，働
き盛りの年齢において正確に予測することは困難である. よって年金制度は，
人々が予想以上に長生きした場合のリスク，あるいは，介護や医療の必要性と
は別に，加齢で十分に働けなくなるリスクに対応しているととらえることはで
きる. しかし現在の日本の平均寿命が80歳を超える状況下で，70歳前で十分に
働ける人に対して税金を財源として年金を給付してきた点については，医療保
険，介護保険との比較において，次のように考えることができる. すなわち，
70歳前から年金の給付を，税金等を充当し公的に行ってきた，その根拠を，
人々の近視眼的な性格，貧困に陥るリスク軽減に求めた場合の説得力，その妥
当性は，少なくとも医療や介護を社会保険で行うケースに比べて相対的に弱く
なる可能性がある. いつ給付が必要になるかについての予測の難しさの観点か
ら考えると当然であろう.

　また，公的年金制度をやめて，老人となってからの備えは，各自が自己責任

で行い，その結果として（近視眼的な行動の結果ゆえに）老人となってから貧困に陥った人のみを，生活保護によって救っていく，というやり方とすることが，年金保険の場合には医療保険よりも可能である．現実に，公的な年金に頼らなくとも，自らの蓄えのみで老後を過ごしていける人もいるし，高齢になっても稼ぐ能力が十分にある人もいる．つまり，公的年金がない場合にも，多くの人がリスクを回避できる（つまり高齢者に対し社会全体で行うリスク・プーリングの必要がない）可能性が皆無とは断言できない．事実，病気や怪我あるいはそれによる介護などとは異なり，高齢となることは誰にとっても確実であるから，近視眼的にならずに，リスクに備えられる可能性は病気や怪我に対する場合よりは高まると考えられる．現実に，公的年金制度がなくなるならば，（民間の保険がある中で）多くの人々が老後に備えて蓄えを強化する可能性もあり，結果として，生活保護によって保護しなければならない高齢の貧困者はそれほど増えず，したがって，高齢な貧困者を把握することもそれほど困難とはならない可能性も皆無ではない．しかし，この点はあくまでも医療や介護と比べた相対的なものである．

　一方で，人々のモラルハザードに注目すると，次のような観点において年金制度が必要となる．もしも，政府が，「老後において生活に困った場合に生活保護で保護する」と約束すれば，老後に備えた貯蓄を止め，所得は全て消費に回すという人が増えるかもしれない．そうなると，生活保護行政の実施に，より多大な負担がかかる（より多くの支出が必要となる）し，さらにその結果，資本ストック（例えば工場建設など）に，金融機関等を通して回るお金が減少し，経済の生産力が弱まってしまうかもしれない．長期的にその状況が続く場合には，人々が強制的に年金保険に加入する，現行のような年金制度が有効となる．

3．経済の安定

　経済の安定とは，完全雇用が達成され，インフレーション・デフレーション

が生じず，物価水準が安定している状況をいう．この状況を達成するために財政が機能する面がある．

　まずは，景気が悪く，失業者がいる状態を改善する，という点を考えよう．景気が悪いとき（一般的に，デフレーション）には，財・サービスがあまり売れないので，生産・販売が少なくなる．このため企業の利益が少なく，企業において過剰労働が発生するので，労働者を解雇することになり，失業者が多くなる．この状況を，短期的な観点において，改善する財政の機能は，一般に，増税せずに歳出額を増加したり，歳出を一定に保ち減税したり，あるいは減税してさらに歳出を増加させるように税収入額と支出額を変動させるということが考えられる．減税の場合は人々の可処分所得が多くなるので，人々の消費が増加する．また，政府の歳出増加によって，民間企業の財・サービスの売上げが増加する．つまり減税にせよ歳出の増加にせよ，この変動はどこかの生産主体（企業）への注文を増加させることになる．その結果，生産，販売が増加し，この増加のために人手が必要となり，失業者が雇われることになる．失業者が雇われれば，その人たちのお金が使われることになり，景気の悪い状態が改善される力が働くのである（この政策についての詳細は，Chapter4，Chapter5で，財政における歳出と歳入について学んだ後に，Chapter6で，さらに詳しく考察することにする）．

　次に，インフレーションが進む状況を解消する，という点を考えよう．

　インフレーションが生じる原因は様々にあるが，ここでは，次のようなケースを問題にしよう．景気が良く失業者がいない状況において，財・サービスが売れて，供給量より需要量が多くなった時，インフレーションが起こる．完全雇用が達成されている状態では，労働力が足りず，今以上に多くを生産することが難しくなる．さらに，短期的には設備投資をすることは難しく，外国人労働者を雇うこともできない．つまり，労働力不足を補える可能性は低いのである．このように，財・サービスそのものを増加させられない状況で，さらに注文がくるならば，利潤の追求を目的とする企業行動の結果として，生産者（企

業）は生産される財・サービスの価格を上昇させる傾向となる．

　財・サービスの価格の上昇，つまりインフレーションは，給付額の急な変更が困難な年金受給者や生活保護対象者，および好景気の時にも，多くの人々の中に必ず存在する一部の業績がかんばしくない企業の従業員など，物価上昇に比例して収入の増えない人には大きな打撃である．一方，土地や建物など価格上昇の激しい物件を購入した人は，価格上昇によって資産価値が上昇するので得をする．また，借金をしている人は貨幣価値の下がった貨幣で返済すればよいので得をする．このようにインフレーションによって，損をする人と得をする人が出てくるので，所得分配の不平等も生じる．

　このような，いわゆる景気過熱によるインフレーション下では，政府は，減税をせずに，歳出を減少させたり，歳出を一定にして増税をしたり，歳出の減少と増税を同時に行ったりして，民間部門の需要を抑制し，物価が上昇しないように努力する．

　失業の解消や物価の安定のためには，莫大な需要額（財・サービスの購入額）と供給額（財・サービスの生産額）の変動が必要である．これに見合う，莫大な金額を一定期間，統一的に動かし得るのは，全国民から莫大な税金の徴収を行いそれを支出している「政府」しかない．

　しかし，景気の安定を達成するために，政府が税金を用いて国民のために行動することが不可欠ということにはならない．税金収入や支出額を変動させる以外にも，景気を安定させる方法はある．例えば景気が悪い状態を良くするためには「規制緩和」や「金融政策」などの方法があるし，インフレーションを解消するには「金融政策」が大きな威力を発揮する．昨今は，財政の収支の変動による経済の安定は十分には生じず，特に不況対策としての財政による経済安定の機能は，財政赤字の拡大のみを招くとの批判もあり，規制緩和や金融政策の役割を重視する見方もある．

4．政府の失敗

　以上，述べてきたように，資源配分，所得再分配，経済の安定という財政の
３つの機能を果たすために財政が必要となるわけであるが，財政がかえってデ
メリットをもたらしてしまう場合もあり得る．

　その原因として，まず第１にあげられるのが，「情報の不完全性」である．
政府が経済に介入し，その結果，財政の３つの機能が達成されると期待する裏
には，政府が全ての情報をもっているという前提がある．しかしながら，現実
に政府は，介入に際して必要な情報を全て知っているわけではない．３つの機
能を最適に達成するために必要な情報を収集するためには，多大な費用がかか
るわけであり，十分に情報を得ることができない場合も多いのである．例えば，
先に見た，資源配分が必要となる要因の一つである外部経済を有する財を，政
府が供給したとしても，最適な水準を供給するためには，その財が，誰にどれ
だけの外部経済をもたらすかを知っていなければならない．しかし政府がこれ
を完全に知ることは現実に不可能と言える．政府が，その供給量が適切である
か否かを判断することは極めて難しいことなのである．

　税金によって直接の対価の徴収がない状況や，税金の投入によって安い値段
で財が供給される場合には，人々が，そこで供給される財・サービスは無料で
あると考えたり，あるいは政府が提供するものは，国民の負担がまったく生じ
ない状況で安価であるとの錯覚に陥り，その結果として，人々が非常に多くの
公的な財・サービスを求める可能性もあり，過大な供給が行われ，資源の無駄
遣いをしてしまう可能性もある．そして，その一方で，その財・サービスを必
要としている人々についての情報を，政府がもっていない場合には，不足をも
たらしてしまう場合も生じるのである．また，政治家が，自らの得票につなが
る，特定の有権者の便益にのみ関心をもつといったケースなど，政治的な動向
が，情報の不完全性と同様の結果をもたらす場合も考えられる．

　また，所得再分配との関係においても，政府の失敗は起こり得る．例えば，

所得を再分配して，低所得者等の保護を行う場合でも，それが行きすぎて行われるならば，モラルハザードが生じ，人々が働く意欲をなくすかもしれないし，同方向のことが，税金の徴収についても言える．例えば，所得に課税を行った結果，可処分所得（手取り）が減少する．この時，人々が賃金に応じて労働供給を行っているとすると，課税は人々の働く意欲を削ぐことになり，労働供給を減少させ，生産を低下させる可能性もある．その結果，経済活動が不活発となり，経済の安定が阻害される可能性も考えられる．このような弊害が生じない，最適な状況を，政府が必ず達成できる保証はない．

　財政の機能を果たしていく上で，政府は常に失敗する可能性を有しているのである．

参考文献

青木一郎・和田佐英子・奥村正郎編著『政府の経済活動と租税法』学文社　平成26年

井堀利宏『要説：日本の財政・税制〔改訂版〕』税務経理協会　平成17年

上村敏之『コンパクト財政学』新世社　平成19年

小塩隆士『コア・テキスト財政学』新世社　平成14年

小塩隆士「第8章　年金制度を考える（やさしい経済学）」『日本経済新聞』平成27年9月30日〜平成27年10月12日掲載

厚生労働省編『厚生労働白書』各年版

里中恆志・八巻節夫編著『新財政学』文眞堂　平成18年

柴田弘文・柴田愛子『公共経済学』東洋経済新報社　平成10年

神野直彦『財政学』有斐閣　平成14年

常木淳『公共経済学』新世社　平成7年

西村紀三郎『財政学新論（第3増補版）』税務経理協会　平成6年

畑農鋭矢・林正義・吉田浩共著『財政学をつかむ』有斐閣　平成22年

速水昇『要説　財政学』学文社　平成15年

速水昇・小田幹雄編著『公共部門の経済活動と租税』学文社　平成19年

廣光俊昭編著『図説　日本の財政（令和3年度版）』財経詳報社　令和3年

Arye L. Hillman (2003) *Public Finance and Public Policy*, Cambridge University Press.〔井堀利宏監訳『入門　財政・公共政策—政府の責任と限界—』勁草書房　平成18年〕

Chapter2 予算の概要

◖◖◉ 第1節　予算の定義 ◉◗◗

　予算とは，「一会計年度における一国の支出と収入の予定計画表（見積り表）であって，法律に準じる形式をもって，議会の承認を受けるもの」と定義される．わが国の会計年度は，4月1日に始まり，翌年の3月31日までの1年間である（財政法〔昭和22年〕第11条）．一会計年度における一切の収入を歳入といい，一切の支出を歳出という（財政法第2条）．そして，これに関連する制度全般を予算制度という．予算は，憲法および財政法，地方財政法，各種税法といった様々な法律に基づいて運営されている．

　予算は，財政の内容を予定計画したものであり，政府がどのような政策のためにどれだけの資金を使い，その資金をどのように賄うかを示す上で不可欠なものである．政府（中央政府，地方政府）は，租税や公債等によって，民間部門から財政資金を調達し，この資金によって，民間部門では適切に供給できない財・サービスを供給している．これについての，1年間の収入と支出の見積り表が予算である．以下では，このような予算の概要を見ていくことにする．

◖◖◖第2節　予算の種類◗◗◗

　中央政府の予算としては，一般会計予算，特別会計予算，政府関係機関予算の3つがあげられるので，これらの内容と性格を把握していく．

1．一般会計予算

　国の主要な歳出と歳入の予定計画を示すものであり，これを見れば，その年度における，政府が定めた歳出歳入予定計画の全体像を把握することができる．なお，一般会計予算の中でもっとも重要な部分は「歳入歳出予算」と称する部分である．その内容については，Chapter4とChapter5で詳しく解説する．

2．特別会計予算

　特別会計予算とは，一般会計予算では示し切れない，あるいは無理に示そうとすると，一般会計予算を非常に見にくいものにしてしまう政府経済の，ある部分についての予定計画を，一般会計とは別に示したものである．財政法第13条第2項では，「国が特定の事業を行う場合，特定の資金を保有してその運用を行う場合その他特定の歳入をもって特定の歳出に充て，一般の歳入歳出と区分して経理する必要がある場合に限り，法律をもって，特別会計を設置するものとする」と，特別会計を規定している．すなわち，国が特定の事業を行う場合や特定の資金を保有してその運用を行う場合，さらには特定の歳入を特定の事業に充てる場合における収入支出については，一般会計とは別に，特別会計によって収支の状況を示さなければならないのである．

　特別会計は表2-1のように全部で13会計（令和4年度）ある．

　主なグループとして，管理会計というグループの分類がある．このグループに分類される特別会計は，管理を目的とした特別会計である．これらは国民経済の安定，あるいは国民生活の保護のために特定の財源の使い道を管理しよう

表 2 - 1　　国の特別会計 (令和 4 年度)

特別会計の種類	会　計　名　　　　13会計
震災対応（1 会計）	東日本大震災復興特別会計
保険会計（3 会計）	地震再保険特別会計，年金特別会計，労働保険特別会計
管理会計（4 会計）	外国為替資金特別会計，食料安定供給特別会計，特許特別会計，自動車安全特別会計
融資会計（1 会計）	財政投融資特別会計
整理会計（4 会計）	交付税及び譲与税配付金特別会計，国債整理基金特別会計，エネルギー対策特別会計，国有林野事業債務管理特別会計

出所）財務省（主計局・理財局）『令和 4 年度予算および財政投融資計画の説明』令和 4 年，pp. 60-
84より作成.

とするものである．

　例えば，外国為替資金特別会計は，外国為替市場の安定のために，食料安定
供給特別会計は，国内の食料の安定的な確保について重要な役割を果たしてい
る．これと同方向の考え方で，特定の財源の使い道を示している特別会計のグ
ループとして，整理会計がある．例えば，交付税及び譲与税配付金特別会計は，
地方交付税や譲与税として，地方政府に交付することが，法令で定められた特
定の財源の使い道を（つまりどの財源がどれだけ，地方交付税，および複数あ
る譲与税に振り分けられるか等を），一般会計とは別に，整理して示そうとす
るものである．

　平成24年度までは，国有林野事業特別会計という，国が営む林業に関する等
の事業に要する 1 年間の歳入と歳出を示す特別会計があった．この事業の収支
は，歳出には，林業を行う上で必要な支出が計上され，歳入には，木材を売っ
て得た収入などが計上される．平成25年度以降は，国有林野事業への支出は一
般会計で賄うこととなったため，これを特別会計の対象から外し，国有林野事
業債務管理特別会計を設置し，国有林野事業の債務の返済に関する収支を管理
している．この特別会計の歳入は，一般会計からの繰入れと借入金であり，歳
出は，国債整理基金特別会計への繰入れ，つまり債務の返済である．

3．政府関係機関予算

政府関係機関の収入，支出の予定計画を示すものである．政府関係機関とは，政府の全額出資によって設立された，公庫等の公的金融機関である．

民間企業等の働きに任せておいたのでは，供給されなかったり，不足する施設整備等およびサービスを，国民に提供することが，財政の重要な役割である．この役割の達成の一環として，民間金融機関では十分に対応できない企業や事業に対する資金供給を，公庫等の公的金融機関が行っている（なお，民間金融を補完する公的金融を政策金融という）．

具体的には，新規事業など，先行きがわからずリスクの大きい事業，研究開発などすぐには収益に結び付かない事業が，成功すれば大きな外部経済をもたらすケースや，中小企業など，融資を受ける企業の信用が十分でない企業に対して融資を行い，貧困に陥るリスクを軽減するなど，政策金融は，直接の政府支出，税負担とならぶ政策手段である．

しかし，政府関係機関は，一方で，民間部門と競合する面があり，それを理由に，徐々に統廃合が行われてきた．最初に行われた大きな統合の一つとして，平成11年に，日本開発銀行と北海道東北開発公庫を統廃合の上，日本政策投資銀行が設立されたこと，および国民金融公庫と環境衛生金融公庫を統合した，国民生活金融公庫が設立されたこと，さらには日本輸出入銀行と海外経済協力基金とが統合し，全額政府出資の，特殊銀行，国際協力銀行が発足したこと，をあげることができる．これによって，日本政策投資銀行，国際協力銀行の2銀行と，6公庫（国民生活金融公庫，住宅金融公庫，農林漁業金融公庫，中小企業金融公庫，公営企業金融公庫，沖縄振興開発金融公庫）となった．しかし，平成13年に，政府が決定した，特殊法人等整理合理化計画に基づいて，住宅金融公庫については，平成14年度より，融資業務を段階的に縮小させ，住宅金融公庫法の改正によって，平成19年3月に廃止となり，その業務は独立行政法人住宅金融支援機構によって引き継がれることになった．

　また，日本政策投資銀行が，平成20年に，特殊法人から株式会社に変わった．また，同年に，国民生活金融公庫，農林漁業金融公庫，中小企業金融公庫，および国際協力銀行の中における国際金融部門を統合し，株式会社日本政策金融公庫が設立された．なお，国際協力銀行における，国際金融部門に対する，もう一方の主要部門である，海外経済協力部門は，独立行政法人国際協力機構に統合された．しかし，その後，株式会社日本政策金融公庫に統合された国際金融部門が，平成24年に分離独立して株式会社国際協力銀行が発足した．

　以上の経緯を経て，令和4年現在，政府関係機関として，国会の議決・承認を受けているのは，沖縄振興開発金融公庫，株式会社日本政策金融公庫，株式会社国際協力銀行，独立行政法人国際協力機構有償資金協力部門の4つになっている．

　株式会社日本政策金融公庫　この公庫は，一般の金融機関が行う金融を補完することを旨としつつ，国民一般，中小企業者（小規模事業者，中小事業者の資金繰り支援，事業継承や創業支援等の地域活性化に資する取組みなど）の資金調達および農林水産業者（認定農業者が取り組む経営規模拡大，6次産業化等）の資金調達を支援するための金融の機能を担うとともに，内外の金融秩序の混乱または大規模な災害，テロリズムもしくは感染症による被害に対処するために必要な金融を行うほか，当該必要な金融が銀行その他の金融機関により迅速かつ円滑に行われることを可能とし，もって国民生活の向上に寄与することを目的としている．

　株式会社国際協力銀行　この銀行は，一般の金融機関が行う金融を補完することを旨としつつ，わが国にとって重要な資源の海外における開発及び取得を促進し，わが国の産業の国際競争力の維持および向上を図り，並びに地球温暖化の防止等の地球環境の保全を目的とする海外における事業を促進するための金融機能を担うとともに，国際金融秩序の混乱の防止またはその被害への対処に必要な金融を行い，もってわが国および国際経済社会の健全な発展に寄与することを目的としている．

独立行政法人国際協力機構有償資金協力部門　この機構は，開発途上にある海外の地域（開発途上地域）に対する技術協力の実施，有償および無償の資金供与による協力の実施並びに開発途上地域の住民を対象とする国民等の協力活動の促進に必要な業務等を行い，もってこれらの地域の経済及び社会の開発もしくは復興または経済の安定に寄与することを通じて，国際協力の促進並びにわが国および国際経済社会の健全な発展に資することを目的としている．

沖縄振興開発金融公庫　この公庫は，沖縄における産業の開発を促進するため，長期資金を供給することにより，一般の金融機関が行う金融および民間の投資を補完し，または奨励するとともに，一般の金融機関が融通することを困難とするものに融通して，沖縄における経済の振興および社会の開発に資することを目的として，金融機能を担っている．

◖◖◖第3節　予算の構造◗◗◗

国の予算は，次の5つの項目の内容をもたなければならないこととなっている．すなわち，予算総則，歳入歳出予算，継続費，繰越明許費，国庫債務負担行為である（財政法第16条）．

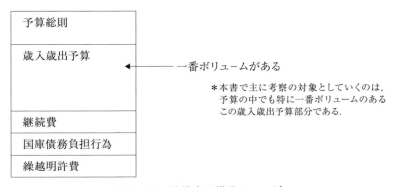

図2-1　予算書の構造イメージ

1．予算総則

　その年度の予算に関する総括的事項が示される．財政法第22条において，公債または借入金の限度額，公共事業費の範囲，日本銀行からの借入金の限度額，国庫債務負担行為の限度額等，その他の予算執行に必要な事項を設けるものと規定されている．

2．歳入歳出予算

　「歳入」と「歳出」の2部門からなり，予算の核をなすもので，通常，「予算」という時には，一般会計にせよ，特別会計にせよ，この歳入歳出予算を指している．

　ここにその年度の歳入と歳出が示されているわけであるが，示し方はかなり複雑で詳しいものである．われわれが様々な資料で手にする予算という表は，このおおもとの予算書における，「歳入歳出予算」を大幅に要約したものである．以下では，一般会計予算における歳入歳出の提示体系を見よう．

［予算書における歳入の提示体系］

［予算書における歳出の提示体系例］

図2-2

歳入の提示体系における主管とは，その収入の徴収および徴収額等の制度変更への対応を担当する行政府組織である．歳出の提示体系における所管とは，その歳出を実施し，かつそれに関連する業務を行い，さらには，予算の作成に際し，その支出の必要額を見積ることをも担当する行政府組織である．そして，この所管のさらに細かい組織ごとに，その年度において要する歳出が「項」「目」という形で示されるのである．

　なお，特別会計予算には，歳入の主管や部，歳出の所管や組織といった区分は設けられていない．主管，所管，組織といった提示がないのは，複数ある特別会計は，各特別会計ごと，それぞれに担当する行政府組織が決められているからである．

3．継続費，国庫債務負担行為

　ある事業についての支出が多年度にわたり行われる必要がある場合，継続費あるいは国庫債務負担行為として，その支出を，本年度の支出と次年度以降の支出にわけて計上する．例えば継続費は，警備艦等の船舶建造などのように完成まで数会計年度を要する事業に対するものであり，国庫債務負担行為は，工事契約や賃貸契約のように，国が債務を負担し契約する場合，契約の締結は年度内に行うが，支払いの全部または一部を次年度以降に支払うような場合である．支出することのできる年限は，継続費，国庫債務負担行為ともに，原則として5年以内である．

　国庫債務負担行為は，継続費とは異なり，支出権限は付与されないという状況である．つまり，国庫債務負担行為が予算の一部として承認されるということは，「国の債務負担」は承認されたが，その事業についての国の支出の全てが承認されたわけではない．したがって，国庫債務負担行為に基づく支出が行われる場合には，該当年度の歳出予算に支出が計上され，それが承認されなければならないということになる．つまり，継続費は，数年にわたり支出される金額が全て承認されているのに対して，国庫債務負担行為については，各年度

の具体的な支出の決定は，各年度の歳出予算において各年度ごとに決定されることになる．事業および事業に要する費用の性格に応じて，継続費，国庫債務負担行為のいずれかが対応することになる．

表 2 - 2　継続費と国庫債務負担行為の違い

	当年度と次年度以降の支出額の提示方法	後年度の各年度ごとの支出計画
継続費	当年度の支出額に加え次年度以降の支出額も各年度ごとに明示される．	初年度に全て決定されている．
国庫債務負担行為	当年度の支出額と次年度以降に支出される額の総額が提示されるのみ（当年度の支出が計上されないケースもある）．	事業の進行状況等に応じて各年度ごとに毎年決定される．

4．繰越明許費

　歳出予算のうち，その性質上または予算成立後の理由に基づき，当該年度にその支出が終わらない見込みのものについて，国会の承認を得て，その財源とともに，翌年度に繰り越して支出するものである．すなわち，歳出予算のうち，本来は当年度に支出を完了すべきものであるが，用地取得の関係や資材の入手難等の関係から，支出が次年度にずれ込む可能性があるものについては，繰越明許費として計上し，当年度で支出を完了する他の歳出と区別するのである．原則として，繰越明許費の支出は次年度までに限られる．

　繰越明許費については，財政法第14条の 3，第42条，第43条に規定がある．

参考文献

青木一郎・和田佐英子・奥村正郎編著『政府の経済活動と租税法』学文社　平成26年
財務省　財務総合政策研究所編『財政金融統計月報』（各年度予算特集）
財務省（主計局・理財局）『令和 4 年度予算及び財政投融資計画の説明』令和 4 年
速水昇『要説　財政学』学文社　平成15年

速水昇編著『政府の役割と租税』学文社　平成17年

速水昇・小田幹雄編著『公共部門の経済活動と租税』学文社　平成19年

西村紀三郎『財政学新論（第３増補版）』税務経理協会　平成６年

西村紀三郎監修，速水昇編著『財政学』学文社　平成９年

廣光俊昭編著『図説　日本の財政（令和３年度版）』財経詳報社　令和３年

Chapter3 財政運営と予算

予算とは，Chapter2で説明したように「政府の歳入歳出の予定計画」であり，「各年度の財政の内容」を示すものである．ゆえに，その決定過程を見ることは，財政の決定過程を見ることであり，予算の機能を考え，必要な機能を強化することは，財政運営の適正を高めることに大きく貢献する．

本章では，予算が作られ（予算が決定され），その役割を終えていく過程について認識を得た後に，予算の機能と有用な機能を強化するための視角としての，予算原則を見ていく．なお，予算の決定過程（特に「編成」の過程）については，平成21年9月に民主党政権が誕生する以前において，長く続いてきた自由民主党政権の下での，予算の決定過程の概要を，まずは見ていくことにする．その上で，民主党政権に代わってからの変化および再び自由民主党が政権の座についた状況での変化について言及することにする．

◖◖◖第1節　予算の一生◗◗◗

予算は，予算に示された内容が実施される年度の1年前の5月～6月頃より，「編成」が始まり，その年の12月までに，予算原案が作られ，その原案が，翌年1月の通常国会において「審議」される．そして，国会での審議を経て承認された予算が，その年の4月から翌年の3月までの1年間に執行されることになる．さらに，次の4月より12月にかけて，「決算」が行われ，予算に示され

た内容が，適切に実施されたか否かがチェックされる．この決算の結果が，翌年以降の1月の通常国会に提出され議了されることによって，予算は一生を終えることになる．すなわち，予算は，「編成」「審議」「執行」「決算」という過程を，上記の傾向で，およそ3年かけてその一生を終えるのである．

1．編　　成

　編成とは，一言で言うならば「各省庁自らが担当する歳出の必要額を，各省庁に見積ってもらい，それを財務省が，予想される税収入額を念頭に，査定して，取捨選択し，歳出額，借金の額を決定する過程，つまり予算の原案を決定する過程」である．

　予算編成の責任者は内閣（総理大臣及び各省庁大臣）である（憲法第73条第5項および第86条）．しかし具体的な作業を行う上でのリーダーは財務省である．予算の歳入面は主税局，歳出面は主計局が行う．財務省はその年の歳入が，実施される税制度の下で，どの程度入ってくるかを見積り（予測），その情報をもとに，歳出についての具体的作業を行う．しかし，自由民主党政権下において，2001年より新しく作られた政府組織である内閣府の中の『経済財政諮問会議』が，財務省の原案作成の際に，基本方針を提示する等により，歳入歳出双方の内容に影響を与えている．

　予算の編成は，おおむね5月〜8月にかけて，財務省が，歳入および歳出の見積りを行うことと，各省庁が「概算要求」を行うことによって始まる．概算要求とは，各省庁が自らの担当する次年度の歳出の必要額を算定しそれを財務省に要求するという一連の作業のことである．

　歳出それぞれについて，所管する行政府組織（省庁）が定められている点は，Chapter2 第3節予算の構造，2．歳入歳出予算，においてすでに指摘している．しかし再度ここで，主要経費別分類という歳出区分における各歳出担当の概要を示すと，社会保障関係費の大半は厚生労働省が所管し，文教及び科学振興費の大半は文部科学省，さらに地方交付税交付金は総務省，公共事業関係費

の農林漁村整備等は農林水産省，それ以外の公共事業関係費の大半は国土交通省が担当しているといった状況である．

　5月〜8月にかけて，財務省は，税収入の見積りと「歳出の見積り（必要な歳出額の算定）」および借金依存の限度額の算定を独自に進めていく．税収入の状況をにらみながら，歳出の必要性を考え，借金収入まで含めた歳入歳出総額の規模を決めていく．そしてその一方で，各省庁も概算要求を進める．つまり各省庁も自らの担当する歳出の必要額（これを概算要求額という）を算定していくのである．

　一般に，大幅な税制改革の議論は編成作業に入る以前から行われ，編成作業に入った際には，その年度の税制の大枠が決定されていることが多い．しかし，それによって，急激な収入の変動が生じ，それに対応した急な歳出の変更が必要な事態となるのでなければ，予算を編成している最中に，税のあり方が変更されることもある．もとより予測可能な税制改革については，財務省が，逐次，その税制の変化に対応して，収入の見積り（収入がどのくらい入ってくるかについての計算）を行っている．それをにらみながら歳出が決定されていくのである．

　また，上記の5月〜8月の過程で，留意すべき制度がある．シーリング（概算要求基準）制度である．概算要求とは各省庁が，自らが担当する歳出の必要額を財務省に要求する制度であり，シーリング制度とは，歳入額の状況に応じて，この概算要求額にあらかじめ上限等基準をもうける制度である．これがないと，概算要求額が大きなものとなり，その後の，限られた財源の下での取捨選択の作業に支障が生まれる可能性がある．すなわち，財務省等による取捨選択が限られた時間の中，消化不良にならないために，概算要求の段階で，なるべく取捨選択を進めてもらうのである．なお，各省庁の概算要求を効率化する方法として標準予算制度が採用されている．標準予算とは，あらかじめ決まっていて，議論をする対象とはなりにくい経常的経費に該当するもので，当年度において当然に減少するものと，当然に増加するものとを加除して作成される．

各省庁はこの標準予算に対し，新規経費を要求するという形で概算要求を作成する方向となる．この制度は，1955年度予算以降導入されている．

6月～7月にかけて，シーリング制度における上限額を各省庁に提示するのが通常である．なお，シーリングを定める際には，該当年度の重点施策として，この上限枠に縛られる必要のない費用部分も「特別枠」等といった名称で提示される傾向がある．各省庁が概算要求額を，提出する締め切りは，通常，8月31日である．

さらに予算の編成は，9月～12月にかけて次のようなプロセスを経ることになる．

まず，財務省に提出された概算要求は，財務省があらかじめ準備していたものと対比される．当然に異なる部分を特に問題とする傾向で，査定が進む．各省庁の担当官からヒアリングを行い，関係資料の提出を求め，さらに意見を聴取し，加えて政府の研究機関や各種審議会等の意見を吸収し，査定が進められる．主な審査の視点は，事業目的の適格性（スジ），類似費用との重複がないか（バランス），事業の実施時期の適性（タイミング），投入人員数の適性や金額規模の適性（セキサン）などである．査定の結果提示された査定案を，財務省議にかけ財務省予算案（財務省の原案）が作成されていた．

上記のような過程を経て，現行制度の下での限られた歳入に対する歳出の予定計画，すなわち予算の財務省原案が決定されていく．この財務省原案は内閣と各省庁に内示される．この内示を受けて，各省庁は原案を不服として，削除された部分に対して復活要求を提出するのが普通であった（その後の一連の折衝を復活折衝という）．各省の大臣と財務大臣との折衝を経て，復活要求部分が議論，決定されるが，首相裁定にもち込まれる案件が生じる場合もあり得る．

また，ここで，政治家，特に与党（自民党当時）議員が，以上見てきた編成の段階で，予算内容の決定に影響を与える状況についても注意が必要である．

まず概算要求の段階においては，各省庁が概算要求額を決定する段階での，各省庁の関連会議に，その分野に精通した与党議員が出席するなどして金額，

内容の決定に影響力をもつことがある．さらに財務省の査定の段階では，財務省が，各省庁が提出した概算要求額をもとに，予算案を作成する過程において，与党が，その決定に大きな影響を与えることがある．与党には，政策を審議する場として，政務調査会がもうけられている．そして，この政務調査会には，各省庁に対応して部会（より細かい審議の場）が作られている．例えば，文部科学省に対しては文部科学部会，厚生労働省に対しては厚生労働部会等である．各省庁は関係各部会と連絡を取りながら，査定を行う財務省と議論を進める．その後，さらに部会での議論が政務調査会でまとめられ，それをもって，政務調査会と財務省との間で，議論，調整が行われる．このようなプロセスを経て，与党の考え方や政策の方向性等が，予算内容に反映されていく．さらに復活折衝の段階においても，次の点に留意する必要がある．復活折衝の間も与党との調整は行われている．内示の前後には，既述の与党の部会が開かれ，様々な注文が出され，重要と判断されたものは，関係各省庁と連携し，復活折衝を行うことになるのである．

　以上が，自民党政権下の大方の過程であった．続いて，平成21年9月に民主党が政権を担ってからの変化について以下で示そう．新政権は，9月までに自民党政権下で定められていた概算要求基準（シーリング）を白紙撤回し，政権公約（マニフェスト）に掲げた政策を盛り込んだ上で，閣僚が自ら予算要求を削る方式の下，概算要求を再び行うこととなった．概算要求書が提出された後，財務省の査定とともに，政府の行政刷新会議のワーキンググループによって，予算における無駄を，公開で洗い出す「事業仕分け」が行われ，その結果が予算内容に影響を与えている．新政権では，予算原案における，財務省原案はなく，各省の大臣，副大臣，政務官の政務三役が協議して，懸案事項を決着させ，政府案が閣議決定を経て，翌年1月の通常国会に提出されている（結果として，従来型の復活折衝は必要性が低下し，行われなかった）．このことから，方向性として，官僚を中心とした，自民党政権下の予算編成作業が変化する傾向が見られた．

また，（自民党政権下では，党，政府それぞれに税制調査会があり，これらによって税制が追究され改革が行われていたが）新政権では，税制調査会の機能を政府に一元化し，平成22年度税制改正は，新たに発足した，政府税制調査会が策定し，税制改正大綱を閣議決定している．

　その後，平成22年度に入り，民主党が政権を担って以来，はじめての年間を通しての予算編成が行われた．この期間，自民党政権下での予算編成のプロセスの枠組みが大幅に変更される状況ではなかったが，もっとも大きな変化は，「事業仕分け」が継続して行われた点であろう．また，シーリング制度における，特別枠の具体的な内容決定について，各省庁からの要求を絞り込むための議論を公開するなどの試みも行われた．しかし，平成23年度には，民主党税制調査会が新たに作られ，再び，２つの税制調査会がある状況に戻った．

　そして平成24年度予算編成に際しては，国家戦略室が予算編成基本方針を示した．しかし，平成24年度12月に，再び政権交代となり，自由民主党が政権を担うことになった．憲法の定めに従い，内閣が予算を国会に提出するプロセスの下で，財務省における主計局が，毎年各省庁から概算要求を受けて査定作業を行い，12月下旬に財務省がそれを取りまとめ，政府案として歳入歳出予算が閣議決定される．そして内閣によりこれが翌年の通常国会に提出される．この基本的な枠組みの中，民主党に代り再び政権を担った自由民主党の安倍政権は，予算編成のプロセスを，従来の方式に戻す方向性の中で，基本方針をはじめ予算の決定に関する組織，制度の改革として，次のことを行った．まず，国家戦略室を廃止し，代わって，民主党政権下で休止状態にあった「経済財政諮問会議」を起動させた．さらに，民主党政権の「事業仕分け」を廃止し，全閣僚が参加する意思決定機関「行政改革推進本部」が作られ（平成24年１月29日に閣議決定），政府を挙げて，無駄の撲滅等の行政改革を進める試みがはじまった．そして，行政改革推進本部が進める「行政事業レビュー」が行われ，税金の使い途について，無駄や改善すべき点がないかをチェックする試みが続いている．なお，与党が自由民主党から民主党となる頃までは復活折衝が行われていたが，

これは廃止され，再び自由民主党が政権を担ってからも行われていない．最後まで要求側の省庁と財務省の意見が対立したままの事業は大臣同士で話し合う，大臣折衝で政治決着させ，予算案をまとめることになる．

　なお，昨今は，シーリングにおいて，「特別枠」とは別に，必要な金額を示さずに事業項目だけを記して予算要望する「事項要求」といったケースが目立っている．これは，政策の具体的内容が決まっておらず，政府・与党の調整を待つ必要がある場合などに使う手法である．最終的な中身は，年末に翌年度の予算を決める際に詰めることになる．

2．審　　議

　政府予算案は，まずは衆議院本会議で議論される．予算の審議は，法律の決定や変更とは異なり，衆議院から始めなければならない（憲法60条第1項）．このことを予算先議権と呼んでいる．本会議では，最初に首相の施政方針演説が行われ，次に外務大臣の外交演説，財務大臣の財政演説が行われる．財政演説では予算が作られた経済的背景や予算に盛り込まれた重点施策の説明が行われ，その後の各党から各大臣への質疑応答にて，審議がはじまる（参議院においても同方向のプロセスが進められる）．

　この本会議での過程を経た後，予算は，衆議院予算委員会で審議される．衆議院予算委員会では，各党の議席数に比例して，各党から選ばれた予算委員50名によって審議が進められる．

　その後，予算委員会の審議，採決を経て決定された予算案は再び衆議院本会議へ提出され議決されることになる．予算委員会委員長より委員会で決定された予算案が報告され，その後，委員会で決定された予算案について質疑応答が行われ，最終的な予算案が議決される．

　参議院における予算審議の手続きは，衆議院の場合と同じであるが，ただし参議院の予算委員会委員は45名である．

　なお，編成過程を経て作られた予算の原案が，衆議院に提出された後，5日

以内に参議院に送られている（国会法第58条）．すなわち，予算原案の審議が衆議院を経て参議院に場を移す以前に，あらかじめ参議院で予備審査が進んでいる点にも留意が必要である．

　なお，衆参両院における予算の審議と議決は，それぞれに独立に行われるので，両院の議決に相違が生じることがある．この場合は必ず両院協議会を開かなければならない．両院協議会は，各議院で選挙された各々10人の委員でこれを組織する（国会法第89条）．しかし，それでも意見の一致が見られない場合は，衆議院の議決が国会の議決になる．これを予算議決における「衆議院の優越」と呼んでいる（憲法60条第2項）．また，衆議院が議決してから30日（国会休会中の期間を除く）以内に参議院が議決しなかった時は，衆議院の議決が国会の議決となる（憲法60条第2項）．これを自然成立と呼んでいる．以上のようなプロセスを経て執行される予算を本予算または当初予算という．

　また，予算は4月1日から実施されるが，国会の審議が長引くなどの理由で予算が議決しそうもないことが明らかに予想される場合，政府は，議論の余地のない予算部分（例えば国家公務員の基本給与額など）を暫定予算（財政法第30条）として作成し，国会の承認を得てから歳出行為を実施する．暫定予算に計上された金額は予算が議決されれば，本予算に吸収される．

3．執　　行

　編成，審議の過程を経て，予算が成立すると，予算は執行の段階に入る．すなわち，予算に示された歳入歳出が実行されるのである．内閣は，予算の定めるところにしたがって，各項目を担当する各省庁に対し，その執行すべき歳入歳出予算，国庫債務負担行為，継続費を配賦する（財政法第31条第1項）．予算の執行にあたり，各省庁の長は，支出行為に関する実施計画書（支払計画書）を作成し，財務大臣の承認を受ける必要がある．また，財務大臣はこれらの支払計画書を審査し，国庫金，経済の状況，経費の支出状況を勘案した上でこれを承認する．支払計画は財務大臣から日本銀行にも通知される．予算における

支払いは，各省庁の判断によって自由に行われるものではなく，原則として，四半期ごとに行われる．また，各省庁の支払いは，原則として（日本銀行の政府の預金口座を通じて）日本銀行振出しの小切手で行われる．

　ところで，予算は，見込み額を集計したものであるゆえ，予算を編成，審議した後の事情が変化することにより，予算に過不足が生じることがある．したがって，4月より予算が執行されていく過程で，なんらかの事情で収入に不足が生じる場合には，予備費を使うことができる（憲法第87条，財政法第24条）．この使用は閣議によって決定されるが，財務大臣のみの決定による部分もある（財政法第35条）．そして予備費の使用は国会の事後承認を必要とする（財政法第36条）．

　予備費の使用によっては，賄いきれないような収入不足の場合には，予算そのものを変更することになる．この変更された予算部分を補正予算という．補正予算は，収入不足の場合や，災害対策等追加的な歳出が生じた際に，歳入中の公債金を増やしたりするケース等において編成される．

　もともと，社会経済状況は逐次変動するものなので，毎年一回以上は補正予算が組まれている．もちろん補正予算も，省庁や内閣によって原案が作られ，国会にて承認を得て実施に移される．なお，補正予算が組まれる前の，最初にできあがった予算を，特に当初予算という．

4．決　　算

　予算の執行が終わると，決算の段階に入る．各省庁の長は，それぞれが担当する歳入歳出の決算報告書を作って，翌年度の7月31日までに財務大臣に送付しなければならない（財政法第37条，予算決算及び会計令第20条）．財務大臣はこれをもとにして歳入歳出の決算書を作成する（財政法第38条）．決算は，各省庁の決算報告書を添付し，内閣から会計検査院に送付される．会計検査院は決算の検査をした後，検査報告をつけて内閣に回付し，内閣は決算を検査報告とともに国会に提出し審議を受ける．

決算報告書の国会提出は，予算審議の場合とは異なり衆議院に先に提出する必要はない．決算報告書は，衆参両院の決算委員会の審査を経て本会議に報告される．報告書によって，不正あるいは不当な執行部分が指摘されたとしても，政府の責任を問うことができるだけで，それによる支出や契約が無効になることはない．すなわち，決算の審議は事実の批判であり，これから執行する予算内容を決定する予算審議に比べると重点を置く比重が低くなる傾向も生まれ得る．

第2節　地方公共団体の予算

地方公共団体の予算にも，歳入歳出予算，継続費，債務負担行為，繰越明許費があり，それぞれの地方公共団体ごとの予算編成方針の下，おおむね国と同様のプロセスで，編成，審議が進められ，予算は執行される．各課から予算要求があり，それが予算担当課から，地方公共団体の長にいたるまでのそれぞれのレベルで査定され議会に提出される．ただし，プロセスの進行は，国の進行よりも遅れて進められる．次章で見るように，地方公共団体の財政は，国から交付される補助金を財源とするなど，様々な形で国の財政決定に影響を受けるからである．その結果，必ずしも年度当初から完全な年間予算を編成せず，いわゆる骨格予算や暫定予算を組む地方公共団体もある．

第3節　予算の機能

本節では，予算が作成されるプロセスを含む，予算制度全般について，予算がもつべき機能（働き，役割，あるいは性格）について考察する．

1．政治的機能

行政府（各省庁）に対する立法府（国会）による統制機能をいう．この予算

74

の性格は議会制民主主義の発達とともに強められてきた．換言すれば，これは，毎年の予算作成を通じて，政治的欲求（国民の欲求）と財政的可能性（限られた財源）との間の妥協点を見つけだして予算を決定する機能である．つまり，予算が作られることによって，審議過程を通して，財源の使途について国民の代表である国会議員を介し国民の欲求を反映する「場」が提供され，限られた財源をどのように使用するかについて，国民の意見が予算に反映されることになる．この国民の意見を予算書に反映させる働きのことを指すのである．

2．法的機能

　予算は議会による議決という手段をとるから，成立した予算は一定の法律的拘束力をもつ．つまり，法律が制定される場合とほぼ同様のプロセスによって決定されるわけであるから，法律同様に，予算に則した経済的な行動（収入を得て支出をすること）を行うことを，（主に官僚，官吏に対して）義務付けることが可能となる．

　この法的機能を前提に，財務統制機能，行政管理機能というさらに2つの機能が生まれてくる．

(1)　財務統制機能

　法的機能をもつ予算は，予算書に示された通りの歳出行為（財源を予算書に従い支出する行為）を義務付けることになる．この時，特に，この歳出行為が義務付けられる働きを，予算の「財務統制機能」という．

　財務統制機能があることによって，乱費が防止され，政治的機能や（後で見る）経済政策的機能によって，より国民に有効となるように努力を加えた予算が，確実に実施されることになる．

(2)　行政管理機能

　予算が，議会を通して法律と同じプロセスで決定されると，予算書に示され

た通りの歳出行為を義務付けられるわけであるが，このことは同時に，財源を支出する上で，必要な「行政行為（政府の仕事）」を行う義務が政府に生じることを意味する．特にこのことを予算の「行政管理機能」という．

　決定された予算に基づいて財源を得て，それを使用（支出）するのは，各省庁である．各省庁は，財源を使用（支出）する際に，購入しようとするものに応じて，様々な活動をしなければならない．例えば，ダムを建設しようとする場合を考えると，国土交通省は建設業者の選定をする必要に迫られる場合がある．国土交通省はそれら業務を，限られた時間内（予算の実施期間内）に限られた費用（予算に計上された費用）で行わなければならない．つまり，しっかりと行動して，予算において予定されている買い物をし（財・サービスを購入，建設し）それを国民に提供しなければならないのである．予算が決定されることによって，このような財源の支出に伴い必要となる様々な行動（仕事）が，予算内容に即し適切に行われることが各省庁に義務付けられることになるのである．

　このように行政組織（主に各省庁）が，予定通りに（予算に定められている通りに）歳出行為を行うために，必要な仕事を行うことを義務付けられることを，特に予算の行政管理機能という．

3．経済政策的機能

　国防にせよ，ダム建設にせよ．われわれ国民にとって，これらはどの程度必要なのであろうか．予算には政治的機能があり，国民の欲求を反映することがある程度は可能であるが，その際に国民の欲求反映の結果が完全なものであるとは限らない．

　例えば国防などは，外交事情や，海外事情等々について相当に詳しい情報を得ていなければ，国防の本来の必要性は明らかにならずに，最適な規模は達成されないであろう．ダム建設に際しても，ダムの重要な役割の一つである洪水の防止について，流域の住民が必ずしも完全な情報や認識を得ているとは限ら

76

ない．地形や地層の問題等，様々な専門的な情報や認識が無ければ，ダムの本来の必要性は明らかにはならない．教育や下水道についても，それがもたらす外部経済にまでも配慮した，専門的な判断が求められる．また，財政規模が景気に与える影響や公債への依存度が金融市場を通じて経済に与える影響などにも配慮して歳入，歳出が決定される必要がある．予算の作成は，このような政策的な判断を国政に反映させる機能と，その判断と国民の要望との調整を図る機会を提供する機能をもつ．このような予算の役割を「経済政策的機能」と呼び得る．

　予算が作られることによって，最適な資源配分の達成や，国民の効用をもっとも高める所得再分配，および経済の安定を目指した，様々な政策が具現することになる．

　上記の，どの機能も，状況に応じて，程度には差があるけれど，ある程度は必要な機能である．これらの機能が，十分に，かつより有効に，発揮される予算制度が求められる．

◖◖◖第４節　予算原則◗◗◗

　すでに見た予算がもつ機能がある程度必要と認められることを前提に，その機能が生じるような予算制度の在り方を考える際の留意点が「予算原則」である．予算の機能が十分に働くためには，予算制度が，いくつかある予算の機能の一つの機能のみを強く働かせるような状況は，好ましいとは言えない．最終的に最適な予算制度を確立するには，すでに見た予算の機能が偏らずバランス良く機能することが重要である．少なくとも，まったく機能しない予算の機能があるようでは，弊害が生じる可能性が極めて高くなる．予算原則とは，予算の機能をバランス良く働かせることを考えていく上での複数の留意点あるいは考察・検討の視角を指すものである．

1. 公開の原則

「予算そのもの及び予算の作成から決算に至る全段階が公開されなければならない」．

公開の原則が守られないならば，予算の政治的機能が十分に果たされることはない．予算が作られる過程や作成された予算を見ることができなければ，その予算に自分たちの要望がどの程度反映されたか，および，途中のプロセスにおける，（政策実現あるいは立案に関しての）政党や政治家の対応や行動を知ることはできないからである．この原則は，民主主義の基本となる原則である．

またこの原則が果たされないならば，財務統制機能や行政管理機能も機能しづらくなる．完成された予算あるいは予算の作成から執行，決算までのプロセスが公開されないならば，国民の目による監視がまったくできず，不正な支出や行為が生じる可能性が高まることになる．

わが国の予算制度においても，憲法91条および財政法46条に従い，必ず毎年，国民に公表されることが義務付けられているが，現実に予算の状況が国民に十分に伝わっているか否かについては考察の余地がある．

2. 明瞭の原則

「予算はわかりやすいものでなければならない」．収支の状況が明瞭でなければ，公開の原則を守る意味がなくなる．一部の専門家にしかわからないものではなく，国民に明瞭に理解されるものでなければならない．

わが国の歳入予算は，主管，部，款，項，目に分かれて示され，歳出予算は，所管，組織，項，目に分かれて示されている（Chapter2 第3節参照）．このうち項までが国会の審議対象である．なお，歳出予算の項は，経費の目的に応じて計上され，目は，主として使途別（俸給，旅費等）の分類で示されている．

3．事前承認の原則

　「予算はそれが執行される会計年度の開始前に，議会（国会）による審議承認を受け成立しなければならない」．すでに第1節で説明したように，現実の予算の決定過程も，これに従う方向である．

　もしもこれに反して，議会（国会）が事後承認しているということは，国会の承認を得ずに予算が執行されることを意味するから，何にもまして，予算の政治的機能が果たされない可能性が高まる．議員による議論が行われないわけであるから，選挙を介し選ばれる議員によって，国民の考えが予算に反映される機能は弱まることになる．

　また，事後承認は法律の決定とは異なるプロセスによる決定であるので，法的な機能も弱まる．つまり，予算が法律とは異なるプロセスで決定する，という事実があれば，予算の権威も弱まり，財務統制機能や行政管理機能が，果たされづらくなる可能性がある．

　災害への対応など緊急性の高いケース以外は，事後承認をさけるべきである．

4．正確性の原則

　「予算の数値はできるだけ正確でなければならない」．予算はあくまでも見積りであるから，ある程度の不正確性は生じる．特に所得税や法人税のような景気動向で収入額が著しく変動する税目については，正確な見積りを出すことは難しい．わが国においても現実に，税収入が当初予算を大幅に下回って，予算の変更が必要となる状況等が生じてきた．この場合には，公債金収入を増やすといった内容の補正予算を作ることになる．しかし必ず変更部分について国会の審議を通し，承認を得てから変更部分が実施される．この場合にも事前承認の原則は守られる方向にある．

　正確性の原則が守られないならば，当初予算と決算が食い違う可能性が高まる．両者が大きくかけはなれていては，公開の原則の意味が失われ，さらには，

経済政策的機能が無意味なものとなり得る.

5. 目的拘束禁止の原則（ノン・アフェクタシオンの原則）

　この原則の示すところは，「特定の歳入を特定の歳出目的に結び付けること（歳入の使途を，予算を作成する以前からあらかじめ決定しておくこと）を禁止する」というものである.

　確かに，今日めまぐるしく社会経済状況が変化する中，歳入の使途が固定的に決定してしまっているということは，その時，その時において，もっとも必要とされている財・サービスに財源を充当できない可能性を高めるため，結果的に経済政策的機能や政治的機能が十分に果たされない可能性を高め得る. 社会経済の変化が激しい状況では，重点的に財源を配分すべき費用項目も激しく変わる可能性がある.

　しかしながら，日本においては，長年にわたり，この原則に反する予算の内容が存在していた. それは，揮発油税（Chapter5 第5節を参照）という税収入である. この税は，平成20年以前は，道路整備財源になるということが法律で定められていたので，明らかに「目的拘束禁止の原則」に反するものであった.

　その当時，わが国においては，道路整備の必要性に比べて，それ以上に早急に多大な財源を必要とする分野（例えば高齢者福祉への支出など）が増えており，道路財源にしか用いることのできなかった揮発油税に対する批判が多くあった（現在は，揮発油税は道路以外の財・サービスの購入にも用いることができる一般財源となっている）.

　しかし，かつては，道路財源となる揮発油税制度が有効な時期もあった. 第二次世界大戦後から高度経済成長期にかけては，国内の道路が，相当に未整備な状況であった. 大戦直後の日本は戦火に焼かれ，道路らしい道路は皆無であったと言ってよい. 大戦直後に日本を統治していたGHQ（連合国軍総司令部）という組織も，日本の道路の悪条件には驚いている. つまり，戦後から高度経済成長期にかけては，道路は明らかに不足しており，「どんどん道路を造

る」以外の選択肢は示されなかったのである．このような状況では，揮発油税
を全て道路建設に充当しても，まだ道路建設のための財源が足りない状況とな
り，揮発油税の弊害，つまり目的拘束禁止の原則に反することの弊害は明確で
はなかった．揮発油税の全てを道路建設に充当してもまだ道路建設財源が足り
ない状況になるので，揮発油税の使い道を道路財源に特定しても問題はなかっ
たのである．その上，時代背景や各時代の状況にかかわらず，上記の揮発油税
制度には次のようなメリットがある．すなわち，この制度に従うならば，より
道路を使う人（ガソリンを使う人）がより多く道路整備財源を負担する（応益
原則に従う）ことになり，課税をするに際して国民を説得しやすいという点で
ある．この点からも，戦後の高度成長期において，揮発油税は好都合であった．

　しかし昨今は，国道の舗装率が高まり，道路整備の必要性に比べて，早急に
多大な財源を必要とする分野が増えていて，揮発油税は一般財源となっている．

　上記のように，時代背景，その時代ごとの経済社会状況によっては，目的拘
束禁止の原則に反することが有効である場合も生まれ得る．あくまで，「目的
拘束禁止の原則」は，予算制度を考える上での留意点であり，予算制度の在り
方を追究していく上での一つの起点である．

　なお，揮発油税等，自動車に関係する税の使途を，環境対策とすべきとの意
見が多く出てきている．自動車を使用する者ほど，二酸化炭素を排出し，環境
を汚染する傾向があることを考えると，この考え方は，一応，筋が通っている
ことになる．

6．単一性の原則

　独立した複数の予算は，全体の関係を不明瞭にするので，「予算は単一でな
ければならない」．予算単一主義は，予算の通観に便利で，国家全体の財政状
況の把握，全体にわたる収支の調整に役立つ．しかし，わが国の予算はChap-
ter2 第2節で説明したように一般会計予算，特別会計予算，政府関係機関予
算の3本立てになっており，予算制度が単一主義に反するデメリットが指摘さ

れる可能性がある.

7. 包括性の原則

「国家の収入および支出は全て予算に編入されなければならない」. 例えば, もしも財政操作によって予算に計上されない隠し財源が作り出されれば, 国民および国民の代表である議会は, 予算を通じて, 財政を有効に統制することはできず, 政治的機能は果たされない. この原則は, 先の「公開の原則」と表裏一体の関係にある.

8. 個別性の原則

「歳出の支払いは, 予算に定められた承認額の枠内で, かつそこに定められた使用目的に対してのみ支出すべきである」.

個別性の原則が守られないならば, せっかく編成審議のプロセスを経て決定された予算が, それとは異なるものになるわけであるから, 政治的機能も経済政策的機能も果たされなくなる可能性が高い.

現実に, わが国では, 財政法第32条において, 各歳出項目間で, 金額を移動することを原則として禁止している. しかし, 項と項の間で, どうしても移用(項と項の間での移動のことを移用という)が必要である場合には, 国会の承認を得て行うことが認められており, 目と目の間でどうしても流用(目と目の間での移動のことを流用という)が必要な場合には財務大臣の承認を得て行うことが認められている(財政法第33条).

9. 会計年度独立の原則

「予算における歳出入は, 基本的に当該年度において実施されなければならない」. 特に予算に計上された支出が会計年度を越えて受け入れられてはならない.

つまり, 今年購入した財・サービスの支払いのための財源を, 来年度の税収

入で賄うことのないようにすべきであるということである.

　もしも，これが守られないならば，各年度において経済政策的機能や政治的機能が果たされない可能性が高まる. 例えば非常に大きな額の支出が，次の年度に繰り越されたならば，前年度からの繰越しを受けた年度は，その年度に使える収入が前年度の支出に制約されることになる. 時の経過とともに税金で購入すべき必要なものは変わり得る. 来年度には来年度において，どうしても必要なものが出てくる可能性がある中で，来年度の財源を今年度の購入のために使ってしまうと，来年度に，本当に必要な支出ができない可能性が高まる.

　わが国では，この「会計年度独立の原則」における例外的なものとして，Chapter2で説明したように「継続費」「国庫債務負担行為」「繰越明許費」がある. ただし繰越明許費は対応する財源もいっしょに次年度に繰り越されるので，大きく経済政策的機能等を阻害しない.

　しかし，継続費や国庫債務負担行為については，例えば，防衛省の艦船の購入などいわゆるローンによる支払いを意味する継続費が，多大な額となれば，各年度で緊急に有用な財，サービスを国民のために十分に購入できない可能性は高まるし，景気変動に対応して十分な内容の予算を組めなくなる可能性も高まる. しかし，一方で，一年のみで多額の支出を完了することが不可能なものもあるので，「継続費」「国庫債務負担行為」を完全に否定することもできない.

　しかしながら，特に「継続費」「国庫債務負担行為」は，将来年度の歳入を拘束するので，その有用性を十分に検討する必要がある.

参考文献

青木一郎・和田佐英子・奥村正郎編著『政府の経済活動と租税法』学文社　平成26年
里中恆志・八巻節夫編著『新財政学』文眞堂　平成18年
神野直彦『財政学』有斐閣　平成14年
西村紀三郎『財政学新論（第3増補版）』税務経理協会　平成6年
西村紀三郎監修，速水昇編著『財政学』学文社　平成9年
西川伸一『この国の政治を変える　会計検査院の潜在力』五月書房　平成15年
速水昇『要説　財政学』学文社　平成15年

速水昇編著『政府の役割と租税』学文社　平成17年

速水昇・小田幹雄編著『公共部門の経済活動と租税』学文社　平成19年

速水昇・和田尚久・水野惠子編著『公共経済と租税』学文社　平成22年

廣光俊昭編著『図説　日本の財政（令和３年度版）』財経詳報社　令和３年

藤原碩宣編著『政府の経済活動』学文社　平成８年

松野賢吾『予算論』千倉書房　昭和44年

吉田和男『入門　現代日本財政論―公共部門の現実と理論―』有斐閣　平成３年

Chapter4 歳　　出

　歳出とは，年間（歳）の支出という意味である．政府収支の会計年度（日本
では4月から翌年3月まで）の期間の支出である，ということを強く示すため
に，政府の支出については，支出ではなく歳出という言葉が使われる．

◦◦◦第1節　歳出の分類◦◦◦

　表4-1には，国の一般会計の当初予算（歳出予算）を主要経費別，所管別，
目的別，使途別の4つの角度から分類したものが示されている．同じものを異
なる角度から分類したものであるから，どの分類においても総額は同じである．
主要経費別分類と目的別分類の項目は類似している．しかし，両分類において
同じ名称の項目があったとしても，その項目のより細目の状況は異なっている
場合がある．例えば，両分類ともに，社会保障関係費という項目があるが，目
的別分類の社会保障関係費には住宅対策費が含まれ，主要経費別の社会保障関
係費にはそれは含まれていない．住宅関連への支出は，目的別分類では社会保
障関係費にあるが，主要経費別分類では，公共事業関係費に含まれている．ま
た，主要経費別分類の費目は，その時々の社会状況に応じて，細目の費目名が
支出の内容とともに頻繁に変更される．これに対して目的別分類においては，
費目名の変更は無く，特定の費目に毎年歳出が分類されている．したがって，
その時々の政府の施策内容を把握する上では，主要経費別分類を見ることが有

表4−1(1) 主要経費別分類 一般会計歳出予算（当初予算）

主要経費別分類 項目	平成2年度 億円	構成比(%)	平成7年度 億円	構成比(%)	平成19年度 億円	構成比(%)	平成24年度 億円	構成比(%)	令和4年度 億円	構成比(%)
社会保障関係費	116,148	17.5	139,244	19.6	211,409	25.5	263,901	29.2	362,735	33.7
文教及び科学振興費	51,129	7.7	60,765	8.6	52,743	6.4	54,057	6.0	53,901	5.0
国債費	142,886	21.6	132,213	18.6	209,988	25.3	219,442	24.3	243,393	22.6
恩給関係費	18,375	2.8	17,266	2.4	9,235	1.1	5,712	0.6	1,221	0.1
地方交付税交付金	152,751	23.0	132,154	18.6	146,196	17.6	164,665	18.2	156,558	14.6
地方特例交付金	—	—	—	—	3,120	0.4	1,275	0.1	2,267	0.2
防衛関係費	41,593	6.3	47,236	6.7	48,016	5.8	47,138	5.2	53,687	5.0
公共事業関係費	62,147	9.4	92,398	13.0	69,473	8.4	45,734	5.1	60,575	5.6
経済協力費	7,845	1.2	10,351	1.4	6,913	0.8	5,216	0.6	5,105	0.5
中小企業対策費	1,943	0.3	1,857	0.3	1,625	0.2	1,802	0.2	1,713	0.2
エネルギー対策費	5,476	0.8	6,819	1.0	8,647	1.0	8,202	0.9	8,756	0.8
食糧安定供給関係費	3,953	0.6	2,723	0.4	6,074	0.7	11,041	1.2	12,701	1.2
産業投資特別会計繰り入れ等	13,000	2.0	12,817	1.8	203	0.0	—	—	—	—
その他の事項経費	41,629	6.3	50,534	7.1	51,945	6.3	62,554	6.9	58,350	5.4
新型コロナウイルス感染症対策予備費	—	—	—	—	—	—	—	—	50,000	4.6
予備費	3,500	0.5	3,500	0.5	3,500	0.5	3,500	0.4	5,000	0.5
合計	662,368	100.0	709,871	100.0	829,088	100.0	903,339	100.0	1,075,964	100.0

備考）平成24年度の合計には経済危機対応・地域活性化予備費9,100億円がさらにふくまれる。
出所）財務省 財務総合政策研究所編「財政金融統計月報（予算特集）」各年度版より作成。

表 4 - 1 ⑵　所管別分類
(令和 4 年度当初予算)

項　　目	億円	(%)
皇　　室　　費	73	0.0
国　　　　会	1,283	0.1
裁　　判　　所	3,228	0.3
会　計　検　査　院	169	0.0
内　　　　閣	1,072	0.1
内　　閣　　府	39,433	3.7
デ　ジ　タ　ル　庁	4,720	0.4
総　　務　　省	164,624	15.3
法　　務　　省	7,438	0.7
外　　務　　省	6,904	0.6
財　　務　　省	311,688	29.0
文　部　科　学　省	52,818	4.9
厚　生　労　働　省	335,160	31.1
農　林　水　産　省	21,043	2.0
経　済　産　業　省	9,024	0.8
国　土　交　通　省	60,307	5.6
環　　境　　省	3,291	0.3
防　　衛　　省	53,687	5.0
合　　　　計	1,075,964	100.0

出所) 前掲『財政金融統計月報 (令和 4 年度予算特集)』pp. 146-149. 表 4 - 1 ⑶⑷も同じ.

表 4 - 1 ⑶　目的別分類
(令和 4 年度当初予算)

項　　目	億円	(%)
国　家　機　関　費	51,049	4.7
地　方　財　政　費	159,609	14.8
防　衛　関　係　費	53,838	5.0
国土保全及び開発費	61,560	5.7
産　業　経　済　費	26,399	2.5
教　育　文　化　費	51,286	4.8
社　会　保　障　関　係　費	368,552	34.3
恩　　給　　費	1,212	0.1
国　　債　　費	243,393	22.6
新型コロナウイルス感染症対策予備費	50,000	4.6
予　　備　　費	5,000	0.5
そ　　の　　他	4,066	0.4
合　　　　計	1,075,964	100.0

表 4 - 1 ⑷　使途別分類
(令和 4 年度当初予算)

項　　目	億円	(%)
人　　件　　費	45,010	4.2
旅　　　　費	987	0.1
物　　件　　費	34,752	3.2
施　　設　　費	36,996	3.4
補　助　金・委　託　金	325,567	30.3
他会計へ繰り入れ	563,745	52.4
そ　　の　　他	68,908	6.4
合　　　　計	1,075,964	100.0

効であり，政府支出の傾向を累年比較する際には目的別分類を見ることが有効である.

　所管別分類には，すでに，前章で見たように，各歳出はどこかしらの省庁によって所管されている状況において，そのそれぞれの省庁が所管する歳出額が示されている.

◀◀◀ 第2節　歳出の内容 ▶▶▶

　以下では，主要経費別分類に従う一般会計の歳出について，令和4年度当初予算の状況を中心に，その概要を把握しよう. なお，年度によって，細目等，支出額は変動し得るので，それらは，各年度ごとに，『財政金融統計月報（各年度予算特集）』（財務省　財務総合政策研究所編）にて確認されることが望ましい. 戦前の歳出で，もっとも大きなウエイトを占めていたのは戦争に関する支出であったが，戦後の予算では，社会保障関係費，文教及び科学振興費，地方交付税交付金，公共事業関係費などの国民の生活水準の向上に密接に関係する費目の割合が大きくなっている.

1．国 債 費

　国債費は一言で言えば，国の借金の返済に関する費用であり，大枠としては，債務償還（借金額の返済）と利払いである. 国債残高（将来返済すべき額）は，令和4年度末には，約1,026兆円に達する見込みである.

　国債費は，1．債務償還費，2．利子及割引料，3．国債事務取扱費から構成されている. ほぼ全額が，一旦，「国債整理基金特別会計」へ繰り入れられ，計画的な償還が行われている. 1．債務償還額と，2．利子及割引料で，おおむね全体の99％以上を占める傾向で推移している.

　1．の債務償還費は，①公債等償還，②借入金償還から構成されている.
　2．の利子及割引料は，公債利子等，年金特例公債利子，借入金利子，財務省

（単位：億円）

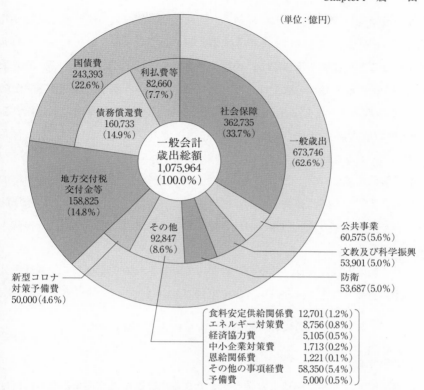

注）1 計数については，それぞれ四捨五入によっているので，端数において合計とは合致しないものがある．

出所）財務省 資料
https://www.mof.go.jp/tax_policy/summary/condition/a02.htm

図4-1 令和4年度一般会計歳出の構成（当初予算）

証券利子からなる．この中で，公債利子等が全体の約95％以上を占めている．

3．の国債事務取扱費は，国債の売買等の経費や事務処理に必要な手数料・事務費である．

2．地方交付税交付金

地方交付税（交付金）は，国から地方公共団体への一般補助金（使途を特定

しない補助金）である．これは，地方公共団体間の税収入の格差を是正し，各地方公共団体が，標準的にあるべき水準として必要な公的な財・サービスの提供を行うことを保障する目的で，国税の一定率を交付するものである．地方公共団体が受け取る金額の大半は，地方公共団体ごとの「基準財政需要額」から「基準財政収入額」を差し引いた残りの額に応じている．「基準財政需要額」を「基準財政収入額」が上回る豊かな団体には，地方交付税（交付金）が交付されず，そのような団体は不交付団体と呼ばれる．

基準財政需要とは，一言で言うならば，各地方公共団体において，「標準的な行政」を行った時に必要とされる財政需要を示すものである．一方の基準財政収入とは，各地方公共団体における標準的な一般財源（主に地方税）の収入見積りである．

なお，基準財政需要は，以下の式によって計算される．すなわち，各地方公共団体の基準財政需要総額は，各歳出項目ごとの

$$基準財政需要 = 測定単位 \times 単位費用 \times 補正係数$$

の合計額である．

測定単位とは，各歳出項目の必要額をできるだけ的確に捕捉するための尺度であり，各歳出項目ごとに，様々なものが設定されている．例えば，道路橋りょう費の維持費については，地方公共団体内の，当該地方公共団体が管理すべき道路の面積であり，社会福祉費の経常的経費については，当該地方公共団体内居住の住民数である．

単位費用は，自然的条件（気候や地形等）や，社会的条件（人口の年齢構造，産業構造等）に特異性が無い平均的な団体（＝標準団体という）を国が想定し，この標準団体において，合理的かつ妥当な水準により実施される行政に要するであろう費用額を各歳出について求め，それを各歳出の測定単位1単位当たりとして示したものである．

補正係数とは，人口密度，寒冷地の（寒冷地ではない地域に対する）給与差，

90

各地域の都市化の程度（昼間人口や農地面積等々）などの状況により，財政支出は大きく異なることが過去の経験等から明らかである中で，そのような状況に応じて，「測定単位×単位費用」の値を割り増ししたり割減らしたりする際の係数のことである．

令和4年度においては，所得税および法人税の収入額の33.1％，酒税の収入額の50％，消費税の収入額の19.5％を充てる方向になっている．

3．地方特例交付金

地方特例交付金は，主に「地方特例交付金等の地方財政の特別措置に関する法律」（平成11法律17）に基づいて，国の政策変更等により，地方財政に影響が出る場合に，地方の財源を補填する機能を担う支出である．例えば，平成18年度及び19年度の児童手当制度の拡充並びに22年度における子ども手当の支給等に伴い，必要となる地方一般財源所要額を補填する措置で交付されている．令和4年のこの経費は，個人住民税における住宅借入金等特別税額控除による減収額を補填するため，交付税および譲与税配付金特別会計を通じて，地方公共団体に対し交付するものや，新型コロナウイルス感染症対策地方税減収補填特別交付金を交付するために必要な経費が計上されている．

4．一般歳出

(1)　社会保障関係費

社会保障関係費は，わが国の一般歳出のうちでもっとも高い比率を占めている．この経費は，ⅰ．年金給付費，ⅱ．医療給付費，ⅲ．介護給付費，ⅳ．少子化対策費，ⅴ．生活扶助等社会福祉費，ⅵ．保健衛生対策費，ⅶ．雇用労災対策費の7つの項目に分けられ，総額で約36兆2,735億円が計上されている．

ⅰ．年金給付費

この経費は，「国民年金法」（昭和34法律141），「厚生年金保険法」（昭和29法律

115）等に基づく年金給付等に必要な経費である．主なものは①基礎年金拠出
金等年金特別会計へ繰入，②公的年金制度等運営諸費である．わが国の公的
年金制度は税金によって支えられているのである．

　社会保障関係費の約3分の1を占めている，もっとも大きな項目は，①基
礎年金拠出金等年金特別会計への繰入であり，「国民年金法」（昭和34法律141）
等に基づく基礎年金の国庫負担割合については，消費税増収分等を活用した2
分の1への引上げの恒久化等により，約12兆1,557億円を計上している．

ⅱ．医療給付費

　この経費は「健康保険法」（大正11法律70），「国民健康保険法」（昭和33法律
192），「高齢者の医療の確保に関する法律」（昭和57法律80）等に基づく医療保
険給付等に必要な経費である．主なものは次の通りである．①特定疾患等対
策費，②原爆被爆者等援護対策費，③医療提供体制基盤整備費，④医療保険
給付諸費，⑤生活保護等対策費，⑥障害保健福祉費．わが国の医療給付は税
金を財源に行われている．

　総額は約12兆におよび，社会保障関係費の約3分の1を占めている．最も金
額が大きい項目は医療保険給付諸費である．これはさらに，全国健康保険協会
管掌健康保険等，国民健康保険，後期高齢者医療に分けられ，10兆602億円が
計上されている．

ⅲ．介護給付費

　この経費は，「介護保険法」（平成9法律123）等に基づく介護保険給付等に必
要な経費である．主なものは，①生活保護等対策費，②高齢者日常生活支援
等推進費，③介護保険制度運営推進費である．わが国の介護保険制度はこの
経費によって支えられている．

　総額は約3兆5,802億円であり，もっとも金額が大きい項目は，③介護保険
制度運営推進費である．約3兆3,064億円が計上されている．その中でも，介

護給付費等負担金が約 2 兆3,512億円であり，もっとも大きい金額となっている．

iv．少子化対策費

　この経費は，「子ども・子育て支援法」（平成24法律65）等に基づく子ども・子育て支援に必要な経費である．主なものは ① 大学等修学支援費，② 子ども・子育て支援年金特別会計へ繰入，③ 失業等給付費等労働保険特別会計へ繰入，④ 児童虐待等防止対策費である．

　総額は約 3 兆1,094億円である．もっとも大きな項目は，② 子ども・子育て支援年金特別会計への繰入であり，約 2 兆4,488億円が計上されている．この支出は，主には，子どものための教育・保育給付の国庫負担等について，消費税を活用し，子ども・子育て支援新制度における教育・保育の量及び質の充実を図るとともに，幼児教育・保育の無償化の取組みを推進するものである．

v．生活扶助等社会福祉費

　この経費は，「生活保護法」（昭和25法律144）に基づく生活扶助等，「障害者の日常生活及び社会生活を総合的に支援するための法律」（平成17法律123）等に基づく障害者自立支援給付等に必要な経費である．主なものは次の通りである．① 子ども・子育て支援年金特別会計へ繰入，② 医療保険給付諸費，③ 健康増進対策費，④ 保育対策費，⑤ 児童虐待等防止対策費，⑥ 母子保健衛生対策費，⑦ 母子家庭等対策費，⑧ 生活保護等対策費，⑨ 社会福祉諸費，⑩ 障害保健福祉費，⑪ 介護保険制度運営推進費，⑫ 業務取扱費年金特別会計へ繰入である．

　総額は約 4 兆1,758億円である．金額の大きな項目としては，⑧ 生活保護等対策費，⑩ 障害保健福祉費があげられる．生活保護等対策費は，約 1 兆4,168億円であり，障害保健福祉費は約 2 兆536億円である．生活保護等対策費は，「生活保護法」（昭和25法律144）に基づき，地方公共団体が支弁する生活扶助費

等及び保護施設の事務費等の国庫負担である．障害保健福祉費は，障害者及び障害児の福祉の増進を図るために，自立支援給付，地域生活支援事業を進めるための支出である．

vi．保健衛生対策費

　この経費は「感染症の予防及び感染症の患者に対する医療に関する法律」（平成10法律114）等に基づく感染症対策等に必要な経費である．

　乳幼児から高齢者に至る疾病の予防と保健衛生の向上を図るための経費であり，およそ30項目以上が計上されており，社会保障関係費の中で，もっとも多くの項目から構成されている．なお，保健衛生事業も地方公共団体によって行われている部分があるので，保健衛生対策費には国から地方公共団体への補助金が多く含まれている．

　主なものは次の通りである．(1)感染症対策費，(2)原爆被爆者等援護対策費，(3)医療提供体制基盤整備費，(4)健康増進対策費，(5)生活基盤施設耐震化等対策費，(6)国立ハンセン病療養所費である．

　その内容は，難病対策や感染症の発生，まん延の防止を図るため，感染症対策費が計上されるとともに，国が設立するものを含む，各種医療機関等への支出がある．ハンセン病患者が入所している療養所の費用，救命救急センターの運営事業，周産期母子医療センター運営事業，民間の病院では対応し難い高度な医療を行うセンターの運営・整備などの費用もある．さらに，生活基盤施設耐震化等対策費として，災害の発生に備え，地方公共団体が進める水道施設の耐震化を推進するための費用も計上されている．他にも，検疫所費や，ドクターヘリ事業の推進のための費用が計上されている．さらに原爆被爆者に対する原爆被爆者等援護対策費も，保健衛生対策費に含まれる．

vii．雇用労災対策費

　この項目は，主に国が行う雇用保険への財源投入（国庫負担）である．すな

わち「雇用保険法」(昭和49法律116) に基づく失業等給付等に必要な経費である. 主要経費別分類においては, 平成21年度より, 「失業対策費」から「雇用労災対策費」と名称が変更となった.

　主なものは ① 高齢者等雇用安定促進費, ② 雇用保険国庫負担金 (失業等給付費等労働保険特別会計へ繰入), ③ 就職支援法事業費労働保険特別会計へ繰入である.

　総額は約758億円である. ① 高齢者等雇用安定促進費が約216億円, ② 雇用保険国庫負担金が約397億円である. 高齢者等雇用安定促進費はシルバー人材センターの円滑な運営, 新卒者の就職支援, 就職困難者の就労支援等に支出されている. 雇用保険国庫負担金は, 文字通り, 国が行う雇用保険に対する国庫負担である.

　雇用保険における「失業給付」は, 失業者への手当てなどを支給するもので, その仕組みは, 被雇用者から保険料を, 月収の一定率徴収し, 加入者が失業した際に, 失業給付を行うというものである. 一日当たりの失業給付の金額は, 離職前にもらっていた給料の大きさに概ね応じる方向である (ただし上限が設けられている). そして, 離職時の年齢が高く, 雇用期間 (保険の支払い期間) が長いほど給付日数が長くなる. 雇用保険は, 年度ごとに収支を計算し, 景気がよくて失業の少ない時期は, 余ったお金を積立金に回す等の調整を行っている. ちなみに, 平成不況下においては, 単年度の赤字が続き, 積立金が減少し, 給付の削減や保険料, 国庫負担の見直しの必要が生じた. その結果, 平成17年度から, 財源の国庫負担の引上げと保険料の引上げが行われた.

　加えて, 職業訓練等への支出, シルバー人材センターの事業に必要な経費なども計上されている点に留意する必要がある. シルバー人材センターは, 定年退職後において, 臨時的かつ短期的な就業またはその他の軽易な業務に係る就業を希望する高齢者に対して仕事を提供する高齢者就業機会確保事業を実施している.

(2) 文教及び科学振興費

これは, ⅰ. 義務教育費国庫負担金, ⅱ. 科学技術振興費, ⅲ. 文教施設費, ⅳ. 教育振興助成費, ⅴ. 育英事業費, からなる. 総額で約 5 兆3,901億円が計上されている.

ⅰ. 義務教育費国庫負担金

義務教育費国庫負担金は,「義務教育費国庫負担法」(昭和27法律303) に基づき, 公立義務教育諸学校の教職員給与に係る経費について, 国がその一部を負担するために必要な経費である. 約 1 兆5,014億円が計上されている.

ⅱ. 科学技術振興費

科学技術振興費は, 主に官民の研究機関等が行う研究開発に関する支出であり, 将来にわたる持続的な研究開発, 重要課題への対応, 基礎研究および人材育成など, 科学技術の振興を図るために必要な経費である. 令和 4 年度においては, 約 1 兆3,787億円が計上されている.

この経費は次の 3 つからなる. ① 本省等課題対応型研究開発等経費, ② 国立研究開発法人等経費, ③ 各省等試験研究機関経費である. ① は約2,606億円, ② は約 1 兆862億円, ③ は約319億円が計上されている.

① 本省等課題対応型研究開発等経費は, 各府省において, 以下のような内容である. 内閣府においては, 総合科学技術・イノベーション会議が司令塔機能を発揮し, 府省・分野の枠を超えて基礎研究から実用化・事業化までをも見据えた研究開発を推進するために必要な経費を計上している.

文部科学省においては, 科学技術イノベーションを担う多様な人材の育成や活躍促進を図るための取組み, 未来社会実現の鍵となる量子, AI, 次世代半導体などの先端的な研究開発の推進等を行うこととしている.

厚生労働省においては, 食品安全, 労働安全衛生, 化学物質対策, 危機管理等の国民の安全確保に必要な研究など, 科学的知見に基づく施策の推進に必要

な研究を行うこととしている.

　農林水産省においては，スマート農業普及のための環境整備，農林漁業者等のニーズに対応する戦略的な研究開発等を行うこととしている.

　経済産業省においては，スタートアップ支援やデジタルインフラの整備・基盤技術開発をはじめ，先端技術やイノベーションへの民間投資促進に資する研究開発等を行うこととしている.

　環境省においては，持続可能な社会構築のため，環境の保全に資することを目的とし，総合的な調査研究及び技術開発を推進するための事業等を行うこととしている.

　②国立研究開発法人等経費は，基礎研究をはじめとする研究者の自由な発想に基づく研究を支援するための科学研究費補助金等の配分，スーパーコンピューター「富岳」の運用等，新型基幹ロケットの研究開発等の取組みを推進することとしている.

　③各省等試験研究機関経費は，感染症の予防治療法，医療品，食品，化学物質の調査など，各省が所管する試験研究機関における調査・分析，研究開発，研究環境の整備等に必要な経費である.

ⅲ．文教施設費

　文教施設費は，公立の文教施設整備のための支出等で，その整備を担う地方公共団体への補助などである．少子化の中で，新規に校舎を増設する必要は，なくなる傾向にあるが，校舎の改修や新改築，耐震化のための費用が増加している．約743億円が計上されている.

ⅳ．教育振興助成費

　教育振興助成費は，生涯学習の振興，初等中等教育等の振興，高等教育の振興，私立学校教育の振興助成，国立大学法人への助成，スポーツ振興等のために必要な経費である．約2兆3,138億円が計上されている.

主な項目として以下のものがある．① 教育政策推進費，② 初等中等教育振興費，③ 高等教育振興費，④ 私立学校振興費，⑤ 国立大学法人施設整備費，⑥ 国立大学法人運営費，⑦ スポーツ振興費である．この中で，特に金額が大きいのは ⑥ 国立大学法人運営費の約 1 兆786億円であり，さらに ④ 私立学校振興費，約5,398億円，② 初等中等教育振興費，約5,207億円が続いている．

⑥ 国立大学法人運営費は，大学改革のインセンティブとなるようメリハリを強化するため，成果を中心とする実績状況に基づく配分の増減率を拡大することとしている．

④ 私立学校振興費は，私立大学をはじめとする私立学校への施設整備費等をも含む援助であり，教育研究の質の向上に取り組む私立大学等に対し重点的に支援することとしている．

② 初等中等教育振興は，義務教育諸学校における教科用図書の無償給与，児童生徒の学力向上を図るための補習等指導員等派遣事業を行うための支出や，教育機会の確保として，へき地におけるスクールバス，ボート等購入などを行うための支出がある．さらに，特別支援教育の推進として，特別支援学校や特別支援学級の児童生徒の保護者等の経済的負担軽減を行う支出，幼保小の架け橋プログラム事業，認定こども園等施設整備などがある．

ⅴ. 育英事業費

育英事業費は，経済的理由により就学が困難な学生に，学資の一部を国が貸与及び支給するための支出であり，いわゆる奨学金への支出である．約1,217億円が計上されている．

学資の貸与は無利子の場合と利子を払う場合がある．この経費は，① 育英資金貸付金，② 育英資金利子補給金，③ 育英資金返還免除等補助金，④ 独立行政法人日本学生支援機構運営費，等から構成される．

奨学金は，貸与した学資の返還を受けて，それが次代の学生等への奨学資金になる．貸与人数を増やすための資金の増強が，① 育英資金貸付金であり，

無利子部分に対する利子補給が，②育英資金利子補給金である．一定の条件を満たした者は返還が免除される．また，返還しない者も一部いる．このような部分への補給が，③育英資金返還免除等補助金である．平成17年度から高校生向けの貸与事業が都道府県に移管されたが，これらの業務を行っている機構への運営資金交付が，④独立行政法人日本学生支援機構運営費である．

(3)　恩給関係費

　これは，主には，昭和33年度以前に国と雇用関係にあった者への年金給付で，旧軍人，傷痍軍人およびその遺族への給付や，文化功労者年金もここに含まれる．約1,221億円が計上されている．

　日本の恩給制度は，明治8（1875）年に，傷痍軍人及び軍人の遺族を扶助する制度として発足し，明治17（1884）年に軍人以外の公務員（文官）に対する恩給が開始され，その後，大正12（1923）年に恩給制度が一本化された．そして昭和33（1958）年に「国家公務員共済組合法」が制定され，恩給から共済組合に制度が変更された．

(4)　防衛関係費

　防衛関係費は，自衛隊に関する費用およびアメリカ軍の駐留のための経費である．約5兆3,687億円を計上している．防衛関係費は，ⅰ．防衛本省，ⅱ．地方防衛局，ⅲ．防衛装備庁の3項目からなっており，ⅱ．地方防衛局への支出の大部分は人件費である．ⅰ．防衛本省が全体の90％以上を占めている．

　ⅰ．防衛本省は，①防衛本省共通費，②防衛本省施設費，③自衛官給与費，④防衛力基盤強化推進費，⑤武器車両等整備費，⑥艦船整備費，⑦航空機整備費，⑧在日米軍等駐留関連諸費，⑨独立行政法人駐留軍等労働者労務管理機構運営費，⑩安全保障協力推進費から構成されている．そして，これらの支出のおおむね半分が人件費，糧食費，営舎費，油購入費，旅費，庁費などの経常支出である．

⑧ 在日米軍等駐留関連諸費は，日米の特別協定に基づく，在日米軍駐留経費負担と提供施設整備に関する費用を含んでいる．

防衛関係費は，憲法第9条との関係から政治的論争の多い経費である．平成元年度に，防衛関係費の対GDP比が1.006％と1％を超えていたが，平成2年度以降，1％の枠内に収めるようにしている．対外情勢が複雑化する昨今，再び1％の枠を超える方向が示されている．また，平成19年1月に，防衛庁が防衛省に格上げされ，内閣府を通じて行っていた閣議への議案提案や財務大臣への予算要求も，防衛大臣が直接できるようになった．

(5) 公共事業関係費

公共事業関係費は，社会資本整備を行うための費用であり，約6兆575億円が計上されている．社会資本整備の目的は，現代世代に対してのみならず，将来世代においても産業や生活を支える基盤となる資本整備，防災等による安全，安心の確保，都市，地域の再生を図ることである．これには，以下で説明する，ⅰ．治山治水対策事業費，ⅱ．道路整備事業費，ⅲ．港湾空港鉄道等整備事業費，ⅳ．住宅都市環境整備事業費，ⅴ．公園水道廃棄物処理等施設整備費，ⅵ．農林水産基盤整備事業費，ⅶ．社会資本総合整備事業費，ⅷ．推進費等などに加え，ⅸ．災害復旧等事業費がある．

ⅰ．治山治水対策事業費

治山治水対策事業費は，① 治水事業，② 治山事業，③ 海岸事業から構成されており，約9,507億円が計上されている．① 治水事業は，河川の氾濫などによる災害を防止するための河川改修事業や，土砂災害に対する砂防工事，水道水，農業用水の供給や治水のための多目的ダム事業などに使われている．② 治山事業は，日本の国土の約3分の2が森林であることから，森林整備などを通して山地における災害の防止等を行うとともに，水源涵養等，国土保全を担っている．③ 海岸事業は，海岸等に対しての災害防止のための整備にあて

る支出である．海岸事業については，近年，大規模地震，津波災害の発生が危惧されていることや，多くの設備が，築造後，相当な年月を経て，損傷や機能低下が進行している等のことから，津波，高潮および浸食対策に重点を置いて事業の推進を図っている．

ii．道路整備事業費

　道路整備のための費用である．中でも，老朽化する道路ストックを適切に維持管理し，老朽化対策を進めることに重点がおかれており，約1兆6,659億円が計上されている．なお，地方道路整備にも使われている．道路整備事業費は，平成10年度には，公共事業関係費中，およそ3割を占めていたが，平成12年に，国道の道路舗装率が99％となったこと等から減少傾向にある．しかし，依然，道路整備の必要性はあり，空港・港湾等へのアクセス道路など生産性向上に資する道路ネットワークの整備等が推進されている．

iii．港湾空港鉄道等整備事業費

　この支出は，①港湾整備事業，②空港整備事業，③都市・幹線鉄道整備事業，④整備新幹線整備事業，⑤船舶交通安全基盤整備事業への支出からなり，約3,987億円が計上されている．

　①の港湾整備事業は，港湾の整備のための支出である．近年は，国際コンテナ戦略港湾における国際競争力強化のため，船舶の大型化に対応したコンテナターミナルの整備を重点的に実施するとともに，港湾業務の自動化を通じて，港湾物流の生産性向上を促進することとしている．また，港湾施設の老朽化対策については，コストの縮減や事業の効率化に資する新技術の活用等を進めるとともに，個別補助により集中的・計画的に実施することとしている．②空港整備事業は，首都圏の空港能力の向上や地方空港の整備などへの支出である．最近の，東京国際空港（羽田）の再拡張事業への支出はここに含まれる．③都市・幹線鉄道整備事業は，主に鉄道整備のための支出である．都市機能を支

える都市鉄道の整備，防災・減災や輸送の安全性の向上等による安全・安心の確保等に要する経費である．④整備新幹線整備事業は，新幹線の建設・整備のための費用であり，令和4年度予算においては，北海道新幹線新函館北斗—札幌間，北陸新幹線金沢—敦賀間，九州新幹線武雄温泉—長崎間の建設に必要な費用などが計上されている．⑤船舶交通安全基盤整備事業は，灯台・電波標識等の整備を実施するために必要な費用である．

iv．住宅都市環境整備事業費

　住宅都市環境整備事業費は，①住宅対策への支出，②都市環境整備事業への支出からなり，約7,299億円が計上されている．①住宅対策への支出は，地方公共団体が行う公営住宅の建設などへの支出，独立行政法人住宅金融支援機構が行う証券化支援事業に係る金利引下げ，地方公共団体等が行う高齢者向け優良賃貸住宅等の公的賃貸住宅に係る家賃低減，地方公共団体等が施行する防災性を向上するための住宅市街地総合整備促進事業等により，住宅対策を推進するために必要な支出である．②都市環境整備事業への支出では，広域連携を含む都市機能のコンパクト化や防災力強化に積極的に取り組む地方公共団体等に対する重点的・効果的な支援や，都市の国際競争力の強化等を図る市街地整備事業，大気汚染等の沿道環境問題への対策や個別補助による通学路の交通安全対策への計画的・集中的な支援等を実施する道路環境整備事業及び水辺空間のにぎわい創出のため，街づくりと一体となった水辺整備や水環境の改善等を実施する都市水環境整備事業により，都市環境の整備を推進することとしている．

ｖ．公園水道廃棄物処理等施設整備費

　この項目は，①下水道事業，②水道施設整備事業，③廃棄物処理施設整備事業，④工業用水道事業，⑤国営公園等事業，⑥自然公園等事業，それぞれへの支出からなり，約1,619億円が計上されている．①は，下水道に関する支

出である．下水道事業調査，下水道事業費補助，下水道防災事業費補助を行う
ために必要な費用である．② については，特に簡易水道施設，水道水源開発
等施設の整備を推進することとされており，③ については，最終処分場等の
廃棄物処理施設の整備推進等に加え，リサイクル推進施設の建設のための費用
が計上されている．④ は，工業地帯における地下水汲み上げによる地盤沈下
の防止と立地条件の整備を目的として敷設される工業用水道の事業費の一部を
補助するために必要な経費である．また，⑤ は，主に，国営公園の老朽化対策，
維持管理等を行うために必要な経費である．⑥ は国立公園・国民公園（新宿
御苑等）などの整備等の費用である．

vi. 農林水産基盤整備事業費

　これは，主に農業の生産性向上を目的とするもので，① 農業農村整備事業，
② 森林整備事業，③ 水産基盤整備事業，④ 農山漁村地域整備事業の４つの事
業のための支出であり，総額で約6,080億円が計上されている．① の農業農村
整備事業は，主には農業生産の基礎となる水利条件を整備し，水利用の安定と
合理化を図るもの（かんがい排水事業）で，水田の保全整備，畑地保全整備な
どの費用などである．また，その他，農業の生産性向上を目的とした多くの費
用が含まれている．② 森林整備事業は，林業の成長産業化，森林の多面的機
能の持続的発揮等のため，間伐等を支援するとともに，森林整備の効率化に必
要な丈夫で簡易な路網の整備を推進することとしている．また，広葉樹林への
誘導を支援することなどにより，多様で健全な森林の整備を推進することとし
ている．③ の水産基盤整備事業は，輸出の拡大等による水産業の成長産業化
のための拠点漁港の流通機能強化及び養殖生産拠点整備，持続可能な漁業生産
を確保するための漁場整備，漁港施設の強靭化・長寿命化を推進するとともに，
漁村活性化や漁港利用促進のための既存施設の改良や生活・就労環境改善対策
等を推進することとしている．④ の農山漁村地域整備事業は，地方公共団体
が行う農山漁村地域の基盤整備事業等の農山漁村地域の総合的な整備を支援す

るという支出である.

vii. 社会資本総合整備事業費

　この経費は，地方公共団体等が作成した社会資本総合整備計画に基づき，頻発化する風水害・土砂災害や大規模地震・津波に対する防災・減災対策，予防保全に向けた老朽化対策，将来の成長の基盤となる民間投資・需要を喚起する道路整備やPPP/PFIを活用した下水道事業など，地域における総合的な取組みを支援するための交付金である．計上金額は，約1兆3,973億円である.

viii. 推進費等

　この経費は，「地域再生法」（平成17法律24）に基づき，地方公共団体が行う地方創成の深化のための先駆的な地方創成基盤整備事業に対して支援するための交付金並びに再度災害防止や安全な避難経路の確保等の防災・減災対策を強化すること及び北海道総合開発計画の効果的な推進を図ることなどを目的とし，予算作成後の地域の事業に柔軟に対応するため地方公共団体等との協議結果を踏まえた事業の推進等に必要な経費である．計上金額は，約675億円である.

ix. 災害復旧等事業費

　台風，豪雨，地震などによる緊急措置的な事業に計上されるもので，公共土木施設，農林水産業施設等の災害復旧事業及び災害関連事業を行うための経費である．① 災害復旧事業，② 災害関連事業から構成され，他の事業とは異なり，事業の長期計画は存在しない.

公共事業の変遷

　公共事業の配分は，時代とともに変化してきている．昭和40年代は，経済成長に必要な基礎的なインフラ整備（道路，港湾事業等）が優先され，50年代以降は，住宅，下水道，環境衛生，都市公園といった生活基盤と関係の深い事業

に重点が置かれた．なお，オイルショックを経た，昭和50年代後半からは「増税なき財政再建」が課題とされ，予算が抑制されたことなどが影響し，配分状況に大きな変化は見られなかった．しかし，平成10年度以降は，厳しい財政事情の下，縮小，削減の方向で，見直しが進められた．

　さらに，平成23年の東日本大震災を経て，大規模自然災害への対応が進められるとともに，高速道路等，老朽化した社会資本への対応に迫られている．

(6)　経済協力費

　この支出は，約5,105億円であり，政府開発援助（ODA）が中心である．これは，開発途上国の経済的・社会的発展，福祉の向上に資することを目的とする支出である．

　政府開発援助（ODA）を，大きく分けると，「無償資金協力」「有償資金協力」「技術協力」「国際機関への出資・拠出」がある．

　無償資金協力は，発展途上国へ無償で資金を提供することであり，有償資金協力は，低利で長期の資金貸付である．前者は，主に学校，病院の建設，食糧援助を行うもので，後者は，経済発展等を目的に，道路，港湾，発電所などのインフラ整備への貸付であるケースが多い．技術協力とは，海外青年協力隊の派遣，専門家の派遣，機材の提供等であり，国際機関への出資・拠出は，国際機関が行う経済協力に対し，その一定額を日本が負担するもので，国際連合分担金，ユネスコ分担金などがある．

(7)　中小企業対策費

　この支出としては，約1,713億円が計上されている．この経費は，中小企業の近代化，改善を促進していくための費用で，中小企業の資金調達の円滑化，中小企業の経営革新，創業に向けた自助努力の促進，経営基盤の強化等の諸施策を実施するための費用である．

　具体的には株式会社日本政策金融公庫への支出や地域資源を生かした中小企

業の新事業創出，経営革新などのための支出である．特に，株式会社日本政策金融公庫への支出は，全体の50%近くを占めている．

(8) エネルギー対策費

この支出としては，約8,756億円が計上されている．必要なエネルギーの多くを輸入に頼るわが国におけるエネルギーの安定供給や地球温暖化防止等環境保全のための支出である．具体的には，原子力の平和利用の促進や，石油，天然ガス，石炭の効率的な利用や開発に関する調査，研究開発に関する支出，石油およびガスの備蓄に関する支出，地球温暖化防止に資するエネルギーの研究開発およびその利用，普及のための費用等である．なお，東日本大震災以降では，原子力損害賠償支援資金を積み増すための支出も計上されている．

(9) 食料安定供給関係費

この支出としては，約1兆2,701億円が計上されている．これは，食料の安定供給の確保に資する諸施策を実施するために必要な支出である．この中で農業関係の支出がもっとも多く，農業振興のための支出が計上されている．水産関係の支出も少ないが含まれており，これは水産資源回復対策，漁業経営対策，水産業強化対策などの水産業の振興を図るための経費である．

最大の項目は，国産農産物生産基盤強化等対策費等であり，これは需要構造等の変化に対応した生産基盤強化等を推進するための支出であり，水田における新市場開拓用米や野菜等の高収益作物への転換等を一層推進するための水田活用の直接支払交付金の交付，産地の持続的な生産力強化を図るための持続的生産強化対策事業等を実施している．

さらに，食料安定供給関係費の主なものとして，担い手育成・確保等対策費等がある．この経費は持続可能な農業構造の実現に向けた担い手の育成・確保等を図り，経営所得安定対策，農業共済事業等を実施するための支出である．

⑽　その他の事項経費

　これまで説明してきた項目に該当しない経費はここに含まれる．なお，この経費以外の主要項目とその他の事項経費について，どのような項目が前者に計上され，どのような項目が後者に計上されるかについて明確な基準はない．以下に示す各項目を見てわかるように，「その他の事項経費」以外の項目に分類しても良い項目も含まれている．

　主なものとして，① 情報システム関係経費，② 参議院議員通常選挙費，③ マイナンバー関係費，④ 地方創成推進費，⑤ 沖縄振興費，⑥ 北方対策費，⑦ 青少年対策費，⑧ 文化関係費，⑨ 国際観光旅客税源充当事業費，⑩ 国有林野事業債務管理特別会計へ繰入，⑪ 自動車安全特別会計へ繰入がある．

⑾　東日本大震災復興特別会計への繰入

　復興財源に充てるため，「特別会計に関する法律」（平成19法律23）等に基づき，一般会計から東日本大震災復興特別会計に繰り入れる金額である．

⑿　新型コロナウイルス感染症対策予備費

　今後の新型コロナウイルス感染症の状況や経済動向を踏まえ，必要な対策を講じるための予備費であり，5兆円が計上されている．

⒀　予　備　費

　予見し難い予算の不足に充てるために計上されている．財政法第24条（「予見し難い予算の不足に充てるため，内閣は，予備費として相当と認める金額を，歳入歳出予算に計上することができる」）の規定に基づくものであり，5,000億円が計上されている．

第3節　地方公共団体への補助金

1．国と地方の歳出配分

(1)　国と地方による歳出

　わが国の歳出は，国と地方公共団体の双方によって行われている．まずは，表4-2によってその概要を確認しよう．まず，B欄とC欄を見よう．この欄の数値を見ると歳出総額の状況は，国と地方で，おおむね等しい傾向である．しかしながら，B欄に示されている数値には，一旦国から地方に移転され，地方によって地域住民のために支出されるという資金の移転分（D欄）が含まれている．また，C欄においても僅かではあるが，地方から国へ移転される資金分（E欄）が含まれている．国から地方への移転分（D欄）を国の歳出総額（B欄）から差し引いた際の支出額と，地方から国への移転分（E欄）を地方の歳出総額（C欄）から差し引いた際の支出額がF欄とG欄に示されている．

　この支出の割合は，近年およそ4対6で推移している．すなわち，国も地方も同規模の歳出をしている状況で，国民に対し直接的に支出する部分は，およそ4：6の割合で地方公共団体のほうが多く支出するシステムとなっているのである．このような状況となるのは，国から地方への移転分つまり国から地方公共団体への補助金（D欄）の額が大きいからである．

　国から地方公共団体への補助金（D欄）の主な内容は，前節の2．の地方交付税交付金と3．の地方特例交付金，4．の一般歳出に含まれている地方公共団体への補助金（国庫支出金）である．

(2)　地方財政の概要

　ここで，地方財政（地方公共団体の歳入歳出）の概要を見ておこう．都道府県と市町村の歳入の状況（令和2年度決算）が図4-2に，歳出の状況が図4-

表4-2 地方財政と国の財政との累年比較

(単位 億円・%)

区分	国内総生産(支出側) 実額(A)	指数	歳出総額 国(B)	歳出総額 地方(C)	国から地方に対する支出(D)	地方から国に対する支出(E)	歳出 純計 国(B)-(D)(F)	指数	歳出 純計 地方(C)-(E)(G)	指数	額 合計(F)+(G)(H)	指数	純計構成比(F)/(H)	純計構成比(G)/(H)	国内総生産に対する割合(F)/(A)	(G)/(A)	(H)/(A)
昭和10年度	167	—	22	21	3	0	19	—	21	—	40	—	47.5	52.5	11.4	12.6	24.0
16	449	—	81	31	11	0	70	—	31	—	101	—	69.3	30.7	15.6	6.9	22.5
36	201,708	100	21,645	23,911	10,279	381	11,366	100	23,530	100	34,896	100	32.6	67.4	5.6	11.7	17.3
平成21年度	4,973,668	2,466	1,056,981	961,064	344,179	12,836	712,801	6,271	948,228	4,030	1,661,030	4,760	42.9	57.1	14.3	19.1	33.4
22	5,048,721	2,503	1,001,107	947,750	339,511	8,507	661,596	5,821	939,243	3,992	1,600,839	4,587	41.3	58.7	13.1	18.6	31.7
23	5,000,405	2,479	1,058,330	970,026	373,166	7,698	685,164	6,028	962,329	4,090	1,647,492	4,721	41.6	58.4	13.7	19.2	32.9
24	4,994,239	2,476	1,044,969	964,186	362,159	9,308	682,810	6,007	954,877	4,058	1,637,687	4,693	41.7	58.3	13.7	19.1	32.3
25	5,126,856	2,542	1,058,980	974,120	367,916	7,676	691,064	6,080	966,444	4,107	1,657,508	4,750	41.7	58.3	13.5	18.9	32.3
26	5,234,183	2,595	1,060,355	985,228	360,051	7,054	700,304	6,161	978,174	4,157	1,678,478	4,810	41.7	58.3	13.4	18.7	32.1
27	5,407,394	2,681	1,061,292	984,052	354,709	7,220	706,583	6,217	976,833	4,151	1,683,415	4,824	42.0	58.0	13.1	18.1	31.1
28	5,448,272	2,701	1,064,419	981,415	353,897	8,072	710,523	6,251	973,342	4,137	1,683,865	4,825	42.2	57.8	13.0	17.9	30.9
29	5,556,874	2,755	1,057,801	979,984	348,264	7,344	709,537	6,243	972,640	4,134	1,682,178	4,821	42.2	57.8	12.8	17.5	30.4
30	5,568,279	2,761	1,061,875	980,206	342,387	7,477	719,488	6,330	972,729	4,134	1,692,216	4,849	42.5	57.5	12.9	17.5	30.4
令和元年度	5,596,988	2,775	1,090,758	997,022	356,557	8,555	734,201	6,460	988,467	4,201	1,722,667	4,937	42.6	57.4	13.1	17.7	30.8

注) 1 国内総生産支出は、内閣府経済社会総合研究所の推計による。平成21年度及び16年度は「国民経済計算(08SNA)」、昭和36年度は「国民経済計算(68SNA)」、昭和10年度及び16年度は「国民経済計算(53SNA)」によっており、いずれも名目値である。ただし、昭和10年度及び16年度は国民総支出の数値である。

　2 国の歳出額は、令和元年度については、一般会計と交付税及び譲与税配付金特別会計、エネルギー対策特別会計、年金特別会計(子ども・子育て支援勘定のみ)、資料安定供給特別会計(国営土地改良事業勘定のみ)、自動車安全特別会計(空港整備勘定のみ)、東日本大震災復興特別会計の6特別会計との純計決算額であり、平成30年度以前においても、一般会計とこれらの特別会計に相当する特別会計がある場合には、それらの特別会計との純計決算額である。

　3 「国から地方に対する支出」は、地方交付税、地方譲与税、(地方分与税、地方財政平衡交付金等を含む。)、地方特例交付金等、地方譲与税及び国庫支出金(交通安全対策特別交付金、国有提供施設等所在市町村助成交付金及び地方債償のうち特定資金公共投資事業債を含む。)の合計額であり、地方の歳入決算額によっている。

　4 「地方から国に対する支出」は、地方財政法第17条の2の規定による地方公共団体の負担金(地方の歳出決算額中、国直轄事業負担金に係る現金納付額及び国への交付公債及び交付公債に対する元利償還金及び同補助金と相殺された償還金を除いている。

　5 決算額から、特定資金公共投資事業債償還時補助金を除く。

出所) 総務省編「地方財政白書(令和3年版)」令和3年、資料編。p.49.

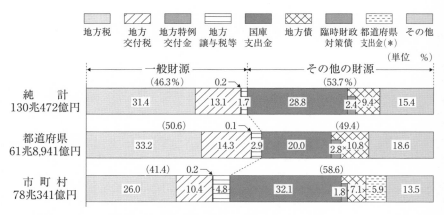

注）国庫支出金には，交通安全対策特別交付金及び国有提供施設等所在市町村助成交付金を含む．
出所）総務省編『地方財政白書（令和 4 年版）』令和 4 年，p. 14.

図 4 - 2 地方公共団体令和 2 年度歳入決算額の状況

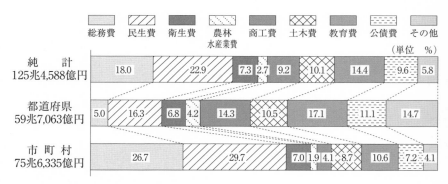

出所）総務省編『地方財政白書（令和 4 年版）』令和 4 年，p. 18.

図 4 - 3 地方公共団体令和 2 年度目的別歳出決算額の状況

3 に示されている．

　歳入については，都道府県，市町村の純計において，次章で見る地方税が
もっとも主要な歳入で，国庫支出金と地方交付税がそれに続いている．なお，
地方譲与税，地方債についても，地方税同様に次章で解説する．歳出について
は，目的別分類による各項目の状況が示されている．

２．国庫支出金

国庫支出金は，地方行政の一定水準を確保することおよび特定の地方行政を促進させることを目的とする，国から地方への支出である（地方にとっては収入である）．この国庫支出金の概要は，表４－３によって把握できる．

表４－３は，目的別（経費）分類によって，国および地方の各経費項目（令和元年度 決算の値）を示したものである．国の予算および決算が主には，主要経費別分類と目的別（経費）分類という２つの分類によって示されるのに対し，地方の予算および決算の各経費項目は，通常は目的別分類によって示される．それゆえに，この目的別分類によって各経費項目の状況を把握することは，国と地方の財政上の関係を把握する上で極めて有効である．しかし，同じ目的別分類といっても，国の歳出を示すものと地方の歳出を示すものとでは，国と地方間に配分された行政事務が異なるがゆえに，若干異なった区分で示される．しかし表４－３では，国の歳出区分に即し歳出が区分され，両者の歳出が示されている．

この表のA欄には，国の歳出の総額と各費目の歳出額が示されている．C欄には，それぞれの費目における国から地方公共団体への補助金の額が示されている．なお，A欄に示された国の各歳出項目の総額は，一般会計における歳出総額だけではなく，一般会計におけるその歳出額に，それぞれの歳出項目と関連の深い特別会計における歳出額を加えた額（純計）である．

そして，C欄（地方財政費を除く）に示されている金額が，おおむね各項目における国庫支出金である．表からわかるように，恩給費等を除く，多くの国の歳出の中には国庫支出金が含まれている．

なお，地方財政費のA欄に含まれる，「C欄（地方財政費の中で，国から地方公共団体に支出されている部分）」の値は，主要経費別分類の地方交付税交付金に対応しており，ほとんどが地方交付税という国から地方公共団体への支出である．これにさらに地方譲与税（地方交付税とは別の国から地方への移転

表4-3 令和元年度国・地方の目的別歳出の状況

(単位 億円・%)

区分	歳出合計 国 一般会計	特別会計	合計	うち重複額	差引純計(A)	地方(B)	国から地方に対する支出(C)	地方から国に対する支出(D)	国 (A)-(C)(E)	構成比	地方 (B)-(D)(F)	構成比	総額 (E)+(F)(G)	構成比	総額中地方の占める割合(F)/(G)	国の純計に占める地方に対する支出の割合(C)/(A)
機関費	51,853	—	51,853	—	51,853	156,642	4,816	—	47,037	6.4	156,642	15.8	203,679	11.8	76.9	9.3
一般行政費	17,654	—	17,654	—	17,654	92,357	3,832	—	13,822	1.9	92,357	9.3	106,179	6.2	87.0	21.7
司法警察消防費	17,194	—	17,194	—	17,194	54,463	984	—	16,211	2.2	54,463	5.5	70,674	4.1	77.1	5.7
外交費	8,883	—	8,883	—	8,883	—	—	—	8,883	1.2	—	—	8,883	0.5	—	—
徴税費	7,962	—	7,962	—	7,962	9,821	1	—	7,961	1.1	9,821	1.0	17,783	1.0	55.2	0.0
貨幣製造費	160	—	160	—	160	—	—	—	160	0.0	—	—	160	0.0	—	—
地方財政費	161,058	518,633	679,691	477,860	201,831	—	198,214	—	3,617	0.5	—	—	3,617	0.2	—	98.2
防衛費	56,408	—	56,408	—	56,408	—	365	—	56,043	7.6	—	—	56,043	3.3	—	0.6
国土保全及び開発費	76,927	13,889	90,816	4,477	86,339	142,193	33,222	8,555	53,117	7.2	133,638	13.5	186,755	10.8	71.6	38.5
国土保全費	13,401	2,241	15,642	297	15,345	21,906	6,056	2,372	9,289	1.3	19,534	2.0	28,823	1.7	67.8	39.5
国土開発費	55,976	11,647	67,624	4,179	63,444	110,197	23,061	5,853	40,384	5.5	104,344	10.6	144,728	8.4	72.1	36.3
災害復旧費	5,239	—	5,239	—	5,239	10,090	4,106	330	1,134	0.2	9,760	1.0	10,893	0.6	89.6	78.4
その他	2,310	—	2,310	—	2,310	—	—	—	2,310	0.3	—	—	2,310	0.1	—	—
産業経済費	40,713	21,671	62,385	6,854	55,531	60,051	4,694	—	50,837	6.9	60,051	6.1	110,888	6.4	54.2	8.5
農林水産業費	18,926	—	18,926	—	18,926	12,330	2,933	—	15,993	2.2	12,330	1.2	28,323	1.6	43.5	15.5
商工費	21,787	21,671	43,459	6,854	36,605	47,722	1,761	—	34,844	4.7	47,722	4.8	82,566	4.8	57.8	4.8
教育費	55,292	207	55,499	27	55,471	175,194	25,414	—	30,057	4.1	175,194	17.7	205,251	11.9	85.4	45.8
学校教育費	41,051	17	41,068	2	41,065	132,796	20,885	—	20,181	2.7	132,796	13.4	152,977	8.9	86.8	50.9
社会教育費	1,536	190	1,725	25	1,700	12,712	600	—	1,100	0.1	12,712	1.3	13,812	0.8	92.0	35.3
その他	12,706	—	12,706	—	12,706	29,686	3,930	—	8,776	1.2	29,686	3.0	38,462	2.2	77.2	30.9
社会保障関係費	340,574	28,769	369,344	22,577	346,767	341,452	89,784	—	256,983	35.0	341,452	34.5	598,435	34.7	57.1	25.9
民生費	307,363	28,765	336,127	22,576	313,551	267,712	81,681	—	231,870	31.6	267,712	27.1	499,582	29.0	53.6	26.1
衛生費	7,109	5	7,113	—	7,113	63,540	5,812	—	1,301	0.2	63,540	6.4	64,841	3.8	98.0	81.7
住宅費	1,580	—	1,580	—	1,580	10,133	1,238	—	343	0.0	10,133	1.0	10,476	0.6	96.7	78.4
その他	24,523	—	24,523	—	24,523	68	1,054	—	23,469	3.2	68	0.0	23,536	1.4	0.3	4.3
恩給費	2,013	—	2,013	—	2,013	73	—	—	2,013	0.3	73	0.0	2,086	0.1	3.5	—
公債費	222,857	38	222,895	5	222,890	121,414	48	—	222,842	30.4	121,414	12.3	344,256	20.0	35.3	0.0
前年度繰上充用金	—	—	—	—	—	3	—	—	—	—	3	0.0	3	0.0	100.0	—
その他	5,968	6,555	12,524	869	11,654	—	—	—	11,654	1.6	—	—	11,654	0.7	—	—
合計	1,013,665	589,762	1,603,427	512,669	1,090,758	997,022	356,557	8,555	734,201	100.0	988,467	100.0	1,722,667	100.0	57.4	32.7

注)
1 国の歳出総額は，一般会計と交付税及び譲与税配付金特別会計，エネルギー対策特別会計，年金特別会計（子ども・子育て支援勘定のみ），食料安定供給特別会計（国営土地改良事業勘定のみ），自動車安全特別会計（空港整備勘定のみ），東日本大震災復興特別会計の6特別会計との純計決算額である。

2 「国から地方に対する支出」は，地方交付税，地方特例交付金等，地方譲与税及び国庫支出金（交通安全対策特別交付金及び国有提供施設等所在市町村助成交付金を含む。）の合計額であり，地方の歳入決算額によっている。

3 「地方から国に対する支出」は，地方財政法第17条の2の規定による地方公共団体の負担金（地方の歳出決算額中，国直轄事業負担金に係る国への現金納付額）で，地方の歳出決算額によっている。

出所）総務省編『地方財政白書（令和3年版）』令和3年，資料編 p.50.

財源）を含めたもの等が，地方財政費のＡ欄およびＣ欄に計上されている．地方交付税は，国の歳出として，一般会計に計上されるが，地方譲与税は，一般会計を通さず，「交付税及び譲与税配付金特別会計」という特別会計にのみ計上されて地方に支出（この場合譲与）されているのである．

　以下では，国庫支出金という，国から地方公共団体への補助についての基礎認識を示した上で，Ｃ欄における国庫支出金を具体的に紹介しよう．

●●●第４節　国庫支出金制度●●●

1．国庫支出金の定義

　既述の地方交付税は，使途が地方公共団体の判断に委ねられて交付される一般補助金であったが，国庫支出金は，一定の条件に従い，地方公共団体の特定の歳出に充てるために，国が地方公共団体に交付する特定補助金である．

2．国庫支出金の分類

　国庫支出金は，補助方法によって，「定率補助金」と「定額補助金」に分類できる．定率補助金とは，国庫支出金の使途先の行政に要する総費用の一定割合を補助するもので，総費用の大きさに応じて補助額が変わる．定額補助金とは，総費用の大きさにかかわらず，国庫支出金の使途先の行政に要する総費用の一定額を補助するものである．

　さらに，国庫支出金は，「法律補助」と「予算補助」に分類することができる．法律補助とは，国から地方公共団体へ交付する際の交付根拠や条件（定率補助ならばその補助率等々に関すること）が法律（根拠法令）に示されているものである．これに対して予算補助とは，国から地方公共団体へ交付する際の，交付根拠や条件が法律に示されているわけではなく，交付の金額が国の予算が作られる過程で決定されるものである．

また，国庫支出金は，その目的・性格によって，「国庫負担金」「国庫委託金」「国庫補助金」に分けられる．この区分は，地方財政法の規定にその根拠を置くものであるが，運用の実態から見ると，その内容から考えて区別が曖昧なものもある．

　国庫負担金とは，国と地方との経費区分の考え方に基づいて，地方公共団体が行政執行のために支出する経費のうち，国家的な利害に関係のあるものにつき，その全部または一部を国が義務的に負担するために交付する国庫支出金である．国庫委託金は，地方公共団体が支出する経費のうち，もっぱら国の利害に関係のあるものにあてるために，国から交付される国庫支出金である．国庫補助金とは，国が国家的な見地から一定の施策を推進し，奨励するために交付するものと地方公共団体の特定の経費についての財政負担の軽減を図るために支出するものとがあり，前者を特に奨励的補助金と呼び，後者を財政援助的補助金と呼んでいる．

3．国庫支出金の具体例

　ここでは，上記のように分類される国庫支出金の具体例として，2つの主要な負担金を示そう．なお，国庫支出金は，補助率や交付目的の異なるものを，法律補助，予算補助全てにおいて列挙すると，500以上にも及ぶ多様性のある性格である．

(1)　義務教育費国庫負担金

　これは地方公共団体が支出する義務教育の教職員の給与の支払いに対する国からの補助金である．義務教育費国庫負担法（昭和27年）に「国が地方公共団体（都道府県）へ交付すること」と「交付の際の条件」が規定されている法律補助である．同法によると，この負担金の骨子は，都道府県が支出する義務教育諸学校の教職員の給与の3分の1（平成18年度以前は2分の1であった）を，国が都道府県に対して交付するというものであり，定率補助でもある．なお，

義務教育諸学校の教職員給与は，市町村ではなく，都道府県が支出している点に留意したい．

　この国庫支出金は，国の歳出における主要経費別分類においては，文教及び科学振興費の1項目として提示されている最大の国庫支出金項目である．表4-3（目的別分類）においては，国の教育費の一部として，教育費におけるC欄に含まれている．

(2)　生活保護費負担金

　これは，地方公共団体が支出する「生活保護のための支出」への国庫支出金である．生活保護とは，生活困難に陥っていると判断される者（判断基準は厚生労働省が各種の法令に従い提示している）に金銭を給付したり，施設に保護収容したりすることで，市町村によって行われている．ただし，町村については，都道府県が行う場合もある．

　生活保護費負担金は，生活保護法（昭和25年）に「国が地方公共団体へ交付すること」と「交付の際の条件」が示されている法律補助である．同法によると，地方公共団体が生活保護に要する費用の一定率（保護費等は4分の3）を国が負担するもの（地方公共団体に対し支出するもの），と定められているので，定率補助金である．

　なお，生活保護費負担金は，国の歳出における主要経費別分類においては，社会保障関係費であり．表4-3（目的別分類）においても，社会保障関係費の一部であり，社会保障関係費におけるC欄に含まれている．

　国庫支出金は，地方公共団体にとっては，主要な歳入の一つであるが，国にとっては歳出である点を念頭に置く必要がある．

参考文献

井堀利宏『要説：日本の財政・税制〔改訂版〕』税務経理協会　平成17年
財務省　財務総合政策研究所編『財政金融統計月報』（各年度予算特集）

財務省（主計局・理財局）『令和4年度予算および財政投融資計画の説明』令和4年

財政調査会編『國の予算』大蔵財務協会　各年度版

総務省編『地方財政白書』各年度版

総務省編『（各年度）地方財政計画―（各年度）地方団体の歳入歳出総額の見込額―』

速水昇・小田幹雄編著『公共部門の経済活動と租税』学文社　平成19年

速水昇・和田尚久・水野惠子編著『公共経済と租税』学文社　平成22年

廣光俊昭編著『図説　日本の財政（令和3年度版）』財経詳報社　令和3年

矢野浩一郎『地方税財政制度（第8次改訂版）』学陽書房　平成21年

Chapter5 歳　入

　すでに Chapter1において，財政によって成されなければならない支出の存在と，それら支出が必要となる理由についての概要を説明している．本章では，歳入について，特に，財政活動を行う際の主要な財源である，税収入および将来の税負担と考えることができる公債等について，示していくことにしたい．

◖◗◖◗第１節　直接税と間接税および税の転嫁◖◗◖◗

　直接税とは，税の負担が「転嫁」せずに，納税義務者と担税者が，一致することが，制度上，予定されている税のことで，間接税は，税負担が転嫁し，納税義務者と担税者が異なることが制度上予定されている税である．なお，税の「転嫁」とは，ある主体に課せられた税の負担が，他の経済主体へと移転することをいう．またこの時，最終的にある経済主体に税負担が確定することを，租税の帰着という．

　税の「転嫁」には以下の３種類がある．

(1)　前　　転

　これは取引の過程における前位者への転嫁，すなわち製造業者から販売業者へ，販売業者から消費者というように，一般に供給者から需要者への移転である．例えば，パソコンに新たに物品税が課された場合，パソコンメーカーは物

品税分を費用増分と見なし，パソコンの卸値を引き上げて卸商に税負担を転嫁するケース，これが税の前転である．

　　※物品税：端的に示すと，その財を出荷するごとに出荷数等に応じて支払う税

　(2)　後　　　転

　これは，取引の過程における前位者から後位者へ税が転嫁することである．すなわち，販売業者から製造業者というように，一般に需要者から供給者への転嫁をいう．例えばパソコンメーカーが物品税を賦課されたことを理由に，原材料メーカーに原材料の値引きを要求し，それが可能になった場合，その状況を税の後転という．

　(3)　更　　　転

　これは前転，または後転が1回だけでなく数回にわたって次々に発生する現象である．例えば，木材に対する課税が，木材の価格の引上げによって，木材製造業者から家具製造業者へ転嫁され，さらに家具の価格の引上げによって家具製造業者から消費者へ転嫁されるというように，前転（あるいは後転）が継続的に生じる現象をいう．

　◎排　　　転

　また，時には転嫁の一つとして見られるが，租税の転嫁と区別しなければならないものに，排転がある．これは，税を賦課された企業者が，経営の改善・合理化によって，事実上，他の経費を節約し，租税を支払わない場合と同じ状況となることである．

　しかし，経営の改善・経費の節約が，賃上げを伴わない労働者の労働量の増加などによる場合には，事実上，賃金の下落であって，労働者に対する税の転嫁と見ることができる．排転の場合の税の帰着は，排転の具体的な状況を詳細に見て判断する必要がある．

◎消　　転

技術革新による生産性の向上で，どの他者の負担増にもならずに税負担を吸収する場合を特に消転と呼ぶ.

◀◀◀◀第2節　累進税と比例税▶▶▶▶

累進税とは，税率（課税対象となる金額の何割を税として支払うかを示すも

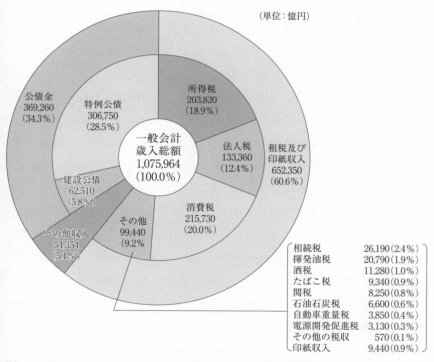

（単位：億円）

相続税	26,190	(2.4%)
揮発油税	20,790	(1.9%)
酒税	11,280	(1.0%)
たばこ税	9,340	(0.9%)
関税	8,250	(0.8%)
石油石炭税	6,600	(0.6%)
自動車重量税	3,850	(0.4%)
電源開発促進税	3,130	(0.3%)
その他の税収	570	(0.1%)
印紙収入	9,440	(0.9%)

注）1　計数については，それぞれ四捨五入によっているので，端数において合計とは合致しないものがある.
出所）財務省　資料
　　　https://www.mof.go.jp/tax_policy/summary/condition/a02.htm

図5-1　令和4年度一般会計歳入の構成（当初予算）

の）が，累進税率である税のことである．累進税率とは，例えば所得などの課税対象となるものが大きいほど，高くなるという税率のことで，一方の比例税とは，税率が比例税率である税のことであり，比例税率とは，課税対象の状況にかかわらず，一定である税率のことである．

◖◖◖第3節 直 接 税◗◗◗

1．所 得 税

　まずは，主要な直接税の一つである（表5-2）所得税を見よう．所得税は，国民それぞれが1年間（1月1日～12月31日）に得た所得の一定割合を徴収する税である．所得とは，つまり儲けのことで，具体的に言うならば，給与やボーナス，および商売をやっている人や農業をやっている人が得る利益である．他にも，株を売買して儲けた人の利益や，土地を売って儲けた人の利益，さらには銀行にお金を預けた際に得られる利子も所得である．所得税法では，これらの所得を10種類に分類し，各所得の所得金額を計算している．

　所得税は次の10種類に分類される．① 利子所得（預貯金や国債などの利子），② 配当所得（株式，出資の配当等），③ 事業所得（農業，商工業などを事業として行って得た所得），④ 不動産所得（土地，建物などを貸して得た所得），⑤ 給与所得（給料，賃金，ボーナス等），⑥ 退職所得（退職手当，一時恩給等），⑦ 譲渡所得（建物，土地などを売って得た所得），⑧ 山林所得（山林の立木などを売って得た所得），⑨ 一時所得（生命保険契約の満期払い戻し金，クイズの賞金など一時的な所得），⑩ 雑所得（恩給，年金など，および営業でない貸し金の利子など，上記①から⑨に当てはまらない所得）である．

　そして，これら①から⑨の所得額は，①の利子所得を除き，どれも，基本的に，収入金額から必要経費を差し引くことによって求められる．その骨子は以下のようである．

表 5－1　一般会計歳入予算の推移

歳入項目	平成2年度 億円	構成比(%)	平成7年度 億円	構成比(%)	平成19年度 億円	構成比(%)	平成22年度 億円	構成比(%)	平成27年度 億円	構成比(%)	令和4年度 億円	構成比(%)
租税及び印紙収入	601,059	83.8	519,308	64.5	510,182	60.3	414,868	41.3	562,854	55.1	652,350	60.6
専 売 納 付 金	111	0.0	163	0.0	—	—	—	—	—	—	—	—
官業益金および官業収入	224	0.0	224	0.0	161	0.0	155	0.0	455	0.0	509	0.0
政府資産整理収入	1,620	0.2	2,744	0.3	2,943	0.3	7,852	0.8	3,490	0.3	2,517	0.2
雑　　収　　入	27,011	3.8	43,409	5.4	48,756	5.8	98,033	9.8	47,115	4.5	50,796	4.7
公　　債　　金	63,432	8.8	183,959	22.8	253,820	30.0	423,030	42.1	349,183	34.2	369,260	34.3
前 年 度 剰 余 金	13,889	1.9	27,254	3.4	29,672	3.5	61,408	6.1	58,657	5.7	531	0.0
歳　入　合　計	717,035	100.0	805,572	100.0	845,535	100.0	1,005,346	100.0	1,021,753	100.0	1,075,964	100.0

備考) 1　平成27年度以前は決算額。令和4年度は当初予算額

　　　2　歳入合計においては、上記の他に東日本大震災からの復興のために実施する施策の財源を調達するため等の、いわゆる「つなぎ国債」等も含む。

出所）財務省　財務総合政策研究所編『財政金融統計月報（租税特集）』各年度版および同上『財政金融統計月報（予算特集）』各年度版より作成.

表 5-2　国税収入の構成の累年比較

主要国税項目	平成2年度 億円	構成比 (%)	平成7年度 億円	構成比 (%)	平成19年度 億円	構成比 (%)	平成24年度 億円	構成比 (%)	平成27年度 億円	構成比 (%)	令和4年度 億円	構成比 (%)
（直接税）												
所得税	259,955	43.8	195,151	38.3	160,800	31.5	139,925	31.9	178,071	31.6	203,820	31.2
源泉分	187,787	31.7	157,259	30.8	129,285	25.3	114,725	26.1	147,732	26.2	170,840	26.2
申告分	72,168	12.2	37,891	7.4	31,515	6.2	25,200	5.7	30,340	5.4	32,980	5.1
法人税	183,836	31.0	137,354	26.9	147,444	28.9	97,583	22.2	108,274	19.2	133,360	20.4
相続税	19,180	3.2	26,903	5.3	15,026	2.9	15,039	3.4	19,684	3.5	26,190	4.0
（間接税）												
消費税	46,227	7.8	57,901	11.4	102,719	20.1	103,504	23.6	174,263	31.0	215,730	33.1
酒税	19,350	3.3	20,610	4.0	15,242	3.0	13,496	3.1	13,380	2.4	11,280	1.7
たばこ税	9,959	1.7	10,420	2.0	9,253	1.8	10,179	2.3	9,536	1.7	9,340	1.4
揮発油税	15,055	2.5	18,651	3.7	21,105	4.1	26,219	6.0	24,646	4.4	20,790	3.2
石油ガス税	157	0.0	153	0.0	137	0.0	107	0.0	92	0.0	50	0.0
航空機燃料税	641	0.1	855	0.2	880	0.2	494	0.1	513	0.1	340	0.1
石油石炭税	4,870	0.8	5,131	1.0	5,129	1.0	5,669	1.3	6,304	1.1	6,600	1.0
電源開発促進税	—	—	—	—	3,522	0.7	3,280	0.7	3,159	0.7	3,130	0.5
自動車重量税	6,609	1.1	7,837	1.5	7,399	1.5	3,969	0.9	3,849	0.7	3,850	0.6
関税	8,252	1.4	9,500	1.9	9,410	1.8	8,972	2.0	10,487	1.9	8,250	1.3
とん税	89	0.0	87	0.0	96	0.0	98	0.0	99	0.0	90	0.0
印紙収入	18,944	3.2	19,413	3.8	12,018	2.4	10,777	2.5	10,495	1.9	9,440	1.4
合計	593,124	100.0	509,966	100.0	510,180	100.0	439,311	100.0	562,852	100.0	652,260	100.0

備考）　1　平成27年度以前は決算額の値であるが、令和4年度については当初予算の値である。
　　　　2　特別会計における税としての地方法人特別税等新たな項目が加えられているが、ここには含まれていない。

出所）財務省　財務総合政策研究所編「財政金融統計月報（租税特集）」各年度版および同上「財政金融統計月報（予算特集）」各年度版より作成。

② の配当所得は，次の計算により求められる．

　　　(収入金額) − (株式などを取得するための借入金の利子)

③ の事業所得と ④ の不動産所得は，次の計算により求められる．

　　　(事業によって得られた収入金額) − (その事業に要した必要経費)

⑤ の給与所得は，次の計算により求められる．

　　　(収入金額) − (給与所得控除額)

⑥ の退職所得は，次の計算により求められる．

　　　{(収入金額) − (退職所得控除額)} ×1/2

⑦ の譲渡所得は，次の計算により求められる．

　　　(収入金額) − (売却した資産の譲渡費用，取得費) − (特別控除額)

⑧ の山林所得は，次の計算により求められる．

　　　(収入金額) − (必要経費) − (特別控除額)

⑨ の一時所得は，次の計算により求められる．

　　　(収入金額) − (収入を得るために要した費用) − (特別控除額)

⑩ の雑所得は，公的年金による所得以外は，② の事業所得と同じ計算で求められ，公的年金による所得については，次の計算により求められる．

　　　(公的年金等の収入金額) − (公的年金等控除額)

国民は，１年間で得たこれらの所得の一定割合を所得税として，国に支払わなければならないわけだが，中には，２種類以上の所得を得ている人もいるで

あろう．例えば，農業による利益と，勤めている会社からもらえる給与を得て，家族を養っている兼業農家の人がいたとしよう．この人の1年間の所得の合計は，農業によって得た1年間の利益と会社からもらった1年間分の給与等の合計となる．そしてこの人の場合は，この合計額の一定割合を所得税として支払うこととなる．実はこれは所得税の重要なしくみを示している．所得税はこのように，各人が1年間に得た所得の合計額の一定率として徴収することが原則となっている．ただし，預貯金の利子や公社債の利子等，一部の所得は，他の所得とは分離して，他の所得とは異なる一定率分を徴収される．

また複数の異なる所得を合計する際に，赤字が考慮されるという点に留意する必要がある．例えば，先の兼業農家の例では，農業を営んだ結果，赤字となった場合に，所得の合計に際して，その赤字分をマイナスすることができる．仮に，先の兼業農家の農業からの利益はなく，それどころか50万円の赤字で，給与等の合計が350万円であった場合，この人の所得の合計は，350万円−50万円＝300万円となるのである．このようなしくみを，所得税算定における損益通算という．ただし，損益通算に関しても例外はある．損益通算できない利益もあれば，できるにしても損益通算の計算方法が複雑なものなど様々である．

さらに所得税の税率は累進税率であり，各人の所得に応じて税率が決定される．表5−3に見られるように，所得税の税率は，数次にわたる変更を経て，現在の最高税率は45％となっている．

例えばトップクラスのプロ野球選手のような高所得者は，課税所得のおよそ45％を所得税として納税している．また，非常に低い所得の人は，所得税を払わなくてもよい制度になっている．このように，所得税を払わなくてもよい人が生じるのは，「控除」というしくみがあるためである．例えば1年間に100万円の給与所得を得るA氏と同居する家族に，収入がほとんどなくてA氏が養わねばならない状況にある，80歳と85歳になる老人（A氏の両親）がいるとしよう．この場合は，この人は年間100万円の所得があるにもかかわらず，状況に応じて所得税を払わなくてもよいこととなる．つまり，養わなければならない

表 5 - 3　所得税の主な税率改正の推移

昭和25年		昭和28年		昭和44年		昭和59年		昭和62年		平成元年		平成 7 年		平成11年		平成19年		平成27年	
税率 %	課税所得階級 万円	税率 %	課税所得階級 万円	税率 %	課税所得階級 万円	税率 %	課税所得階級 万円	税率 %	課税所得階級 万円	税率 %	課税所得階級 万円	税率 %	課税所得階級 万円	税率 %	課税所得階級 万円	税率 %	課税所得階級 万円	税率 %	課税所得階級 万円
20	5	15	2	10	30	10.5	50	10.5	150	10	300	10	330	10	330	5	195	5	195
25	8	20	7	14	60	12	120	12	200	20	600	20	900	20	900	10	330	10	330
30	10	25	12	18	100	14	200	16	300	30	1,000	30	1,800	30	1,800	20	695	20	695
35	12	30	20	22	150	17	300	20	500	40	2,000	40	3,000	37	1,800~	23	900	23	900
40	15	35	30	26	200	21	400	25	600	50	2,000~	50	3,000~			33	1,800	33	1,800
45	20	40	50	30	250	25	600	30	800							40	1,800~	40	4,000
50	50	45	100	34	300	30	800	35	1,000									45	4,000~
55	50~	50	200	38	400	35	1,000	40	1,200										
		55	300	42	500	40	1,200	45	1,500										
		60	500	46	700	45	1,500	50	3,000										
		65	500~	50	1,000	50	2,000	55	5,000										
				55	2,000	55	3,000	60	5,000~										
				60	3,000	60	5,000												
				65	4,500	65	8,000												
				70	6,500	70	8,000~												
				75	6,500~														
(シャウプ勧告)	(富裕税廃止)	(長期税制答申)		(最高税率の引下げ)		(最高税率の引下げ)		(最高税率の引下げ)		(抜本改革)		(税制改革)		(最高税率の引下げ)		(税源移譲後)		(最高税率の引上げ)	

(刻み数)

8	11	16	15	12	5	5	4	6	7

出所）藤井大輔・木原大策編著『図説 日本の税制』財経詳報社　令和 4 年　p. 109.

老人がいたりする場合は，その人数や状況に応じて，納税額が少なくなるしくみとなっているのである．

　控除には，所定の税率を乗じる前に，課税対象となる所得を減額し，納税額を減らす方式である所得控除と所定の税率を乗じて得られた税額を，直接に減額する方式の税額控除がある．

　多くの人が対象となる所得控除には，上記の老人の扶養に関するもの以外にも，その年に支出した医療費の大きさに応じて，所得税を減額してくれる控除や，全ての人に無条件に認められる控除である基礎控除などもある．

２．所得税制度の問題点

(1)　９，６，４問題

　所得税は，わが国の国税収入の中心的な存在であるが，所得捕捉の困難性という問題点がある．この問題は，様々な統計データーの集計結果から，９，６，４（クロヨン）問題として示されることが多い[注]．クロヨンとは，サラリーマンについては，その人の所得の９割が，税務当局（徴税機関）に把握されているのに対し，自営業者については，その人の所得の６割しか把握されておらず，農業者については，４割しか把握されていないということである．例えば，同じ10％の税率で所得税を徴収するとしても，所得が少ないほど税額が小さくなるので，クロヨン問題は，サラリーマンと自営業者，農業者間の税負担の不公平を示していると言える．

　つまり，クロヨン問題は，次のような状況の下，生じている．サラリーマンは，税の支払いの多くが「源泉徴収方式」によっているがゆえに，所得のほとんどが把握される．源泉徴収とは，給料が支払われる際に，所得税を給料から引き，給料の支払い者が納税するしくみである．これに対して，自ら徴税機関へ出向き，所得状況を申告して納税する「申告納税方式」による自営業者や農業者の所得捕捉率が低い状況にあるのである．このような格差が発生する理由には，租税特別措置の存在に加え，発生した所得の把握についての難易度の差

が影響している．例えば，農家であれば，生産物を自家用にも消費することができるし，自営業者や農業者は，事業用の車を私的に利用することも可能である．また一方で，現実に，どこまでが私的で，どこまでが事業のためかを判断することも容易ではない．これに対しサラリーマンの場合には仕事と家庭とがはっきりと区別されて，仕事をした結果，発生した所得は，それを各人が受け取る前に，そのほとんどが確実に把握されてしまう．なお，次の観点からは，クロヨンが必ずしも不公平であるとも言えない．事業規模の観点から見たリスクを考慮すると，クロヨンであっても，自営業者がそれほど恵まれていないとの議論もできる．

　また，このクロヨン問題については，マイナンバー制度の普及，その今後の活用状況によって新たな改革が生まれる可能性もある．

（注）　テキストによっては，9，6，4以外に，10，5，3という比率が示される
　　　ケースもある．

(2)　税の中立性と労働所得課税

　税の中立性とは，「課税・税制の存在が家計や企業の選択に影響を与えない」ことである．例えば，累進度が高い所得税の下では，主として高額所得者の勤労意欲が阻害される可能性がある．一例として，ある人が時給1,000円で月200時間働いて月収20万円をかせいでいたとしよう．ここで税率20％の所得税が課税されて手取りの月収が16万円に減ったとして，この人がどう行動するかを考えてみよう．確かに，今まで1時間働いて1,000円もらえていたのが800円に減ったのでは1時間働くことの価値が下がり，働く時間を減らそうという気持ちが出てくるだろう．しかしまた，手取り所得が今まで20万円あったのが16万円に減ったのでは生活ができなくなるので，もっと働く時間を長くして収入を増やそう，という考えも出てくるはずである．

　前者の働く時間を減らそうという考えを経済学では代替効果といっている．これは働いてお金を稼ぐか，働かずに自由時間を楽しむか，とちらを選ぶかと

いう判断において，所得税が課税されると，自由時間を1時間増やすことによる損失が1,000円から800円に減るので，自由時間を選ぶことが相対的に有利になるということである．これに対して，後者の働く時間を伸ばそうという考え方は，経済学では所得効果と呼ばれている．これは所得水準を課税前の水準に近づけようとして，課税前より長い時間働くようになる，という効果である．

　こうして所得税が課税された時に，人々が働く時間が減るのは，代替効果が所得効果を上回る場合である．逆に所得効果が代替効果を上回る場合には所得税が課税されたために，人々は以前よりも長い時間働くことになる．

　ところで代替効果は，1時間長く働くことによる手取り所得が課税によりいくら減るかに関わってくる．したがってこの大きさを決めるのは限界税率である．これが高くなるほど，労働1時間の対価は小さくなり，人々の労働意欲は衰える．他方，所得効果は所得税でいくら所得が減るかが決め手となる．したがってこれに関係するのは平均税率である．これが高くなるほど人々の生活は苦しくなる．そして，この苦しさを少しでも軽くしようとして長時間働くようになる．

　以上の説明からわかるように，所得税が労働供給に及ぼす効果としては，労働を増やす方向に働く所得効果と，減らす方向に働く代替効果がある．労働供給が実際にどう変化するかはこの2つの効果がどのように働くかによって異なり，実際の人々の行動を観察してみなければわからない．けれども，通常のサラリーマンの場合は，所得税の多寡に関係なくきちんと毎日出勤しなければならないので，労働供給における効果はあまり示されないものと考えられる．しかし，労働と余暇を選択できる高齢者やパートタイマーの比率が高い女性の労働供給については，所得税の誘因効果が大きい可能性がある．

3．法人税

　法人税とは，事業年度（4月1日から3月31日であることが多い）における法人の所得の一定割合を徴収する税である．法人についての詳しい解説は省略す

るが，特に「会社」を念頭においてよい．法人には医療法人，公益法人など様々なものがあるが，会社法人が圧倒的に多数である．

　法人の所得とは，「法人の益金」から「法人の損金」を差し引いたものである．益金とは，製品，商品の売上げや金銭貸し付けといったサービスの提供による収入などである．損金とは，その法人が収入を得るために要した費用等である．具体的には，原材料費，機械設備等の燃料費，流通業ならば販売する商品の仕入額，鉛筆・消しゴム等々事業に用いる備品購入費，水道光熱費，給与およびボーナスなどの人件費，などである．その他にも，減価償却費，交際費などの扱いの難しいものなど様々なものがある．

　法人税は法人が支払う税金だが，当然に，損金が益金を上回る法人も存在する．つまり法人の所得が発生していない法人である．これらの法人の中には，借金をしながらなんとか事業を継続している法人も多数あろう．現行の法人税の特徴の一つとして，所得の発生していない法人は法人税を支払わなくてもよい，という点がある．

　法人税の税率は，基本的に一定率で，普通法人または人格のない社団等については23.2％である．そして資本金が1億円以下の中小企業や，さらに公益法人，協同組合などに対して，軽減税率が適用されている．

　株式会社の場合は，上記のようにして計算した「法人の所得」の中から，株主に配当というものを支払う．つまり利益を「株主：その会社へ出資してくれている者」へ分配するのである．それでもまだ余るならば，それはその会社の「内部留保」となる．法人税を多く取るか少なく取るかは，株主に配当をどれだけ配れるか，あるいは内部留保をどれだけ残せるかを左右するので，企業が将来的に発展していくための資金量や，配当の状況に応じて，株の人気にも影響を及ぼし，株価にも影響を与え得る．そして，株価の変動は，社会に様々な影響をもたらすことになる．

　法人税が課税されることによって，（転嫁といったいわば特殊な状況を想定しない場合）明らかに法人の利益が減少する点を以下で，再認識しよう．

ここで，法人は，事業の最大化を目的に事業活動をしているとする．以下では，簡単化のため，法人はただ一つの生産要素である資本 K を投入して事業活動を行っているとする．資本 K の投入により，投入と算出の関係を表す生産関数に基づき，$F(K)$ だけの産出量が与えられるとする．この産出が単価 P で全て販売されて収入になるとすると収入関数 $R(K)$ は以下のように示し得る．

　資本：K，収入（収入関数）：$R(K)$，産出物の単価：P，産出量（生産関数）：$F(K)$

　　　$R(K) = P \times F(K)$

　同時に，資本 K の投入に伴って資本コストを表す費用関数：$C(K)$ だけの費用が発生するものとする．ここで簡単化のため，価格 $P = 1$ と仮定するとき，法人の利潤である π は，収入から費用を差し引いたものであるから，以下のように示し得る．

　資本：K，利潤：π，費用（費用関数）：$C(K)$，収入（収入関数）：$R(K)$

　　　$\pi = R(K) - C(K)$

　次にこの法人に法人税が課される場合を考える．利潤 π に対してその税率 t を掛け合わせ，法人税額 T が決まると考えるならば，この法人の税引き後の利潤は以下となる．

　　　$\pi - t\pi = (1-t)\pi = (1-t)\{R(K) - C(K)\}$　　　（A式）

　この法人は税引き後の利潤を最大化するとするならば，（A式）で見る通り $(1-t)$ は定数であるから，税引き前の利潤 $\pi = R(K) - C(K)$ を最大化すればよいことになる．
　しかし，実際の法人税は上記のようではない．法人が資本を投入するために

必要な資金を調達する方法には，借入金と株式発行がある．借り入れによる場合は利子費用が資本コストとなる．また，株式発行による場合は株主に払う配当が資本コストとなる．この時，法人税法上は，利子費用は100％費用（法人税法上は損金）に含めて控除することができるが，配当は利子と同様には，損金に含めて控除できない．

　この時，つまり株式の発行によって投資の資金を賄い，その資本コストが税法上の費用として認められなかったとした場合の法人の税引き後利潤は以下のようになる．

$$\pi - T = (1-t)R(K) - C(K) \qquad （B式）$$

　つまり，税引き後の利潤が減ってしまうのである．

4．法人税の問題点

　わが国の法人に対する実効税率は，国際的に見て高い水準にある（図5-2）．そして，これをそのまま放置することは，国際競争力の面で不利になると指摘されている．さらに，国際的に見て高い税率である状況は，外国企業の日本への立地や投資を抑制したり，日本の企業が法人税の安い海外へ移転する可能性を生む．こうしたことから，法人税率を国際的な平均水準に引き下げる方向で議論が進められてきている．しかし，国債残高が高水準である状況下，財源（減収分）をどこに求めるかという点が問題となる．この時，その財源を課税ベース（課税所得の範囲）の拡大によって捻出する案として，租税特別措置の縮減や減価償却方法の見直しなどが検討されてきた．

　また，法人税の負担が低下すると，他方で，企業の内部留保が大きくなり，景気に悪影響が生じるとの懸念も生じ得る．

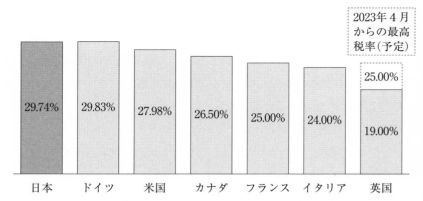

注) 1 　法人所得に対する税率（国税・地方税）．地方税は，日本は標準税率，ドイツは全国平均，
米国はカリフォルニア州，カナダはオンタリオ州．
　　　 なお，法人所得に対する税負担の一部が損金算入される場合は，その調整後の税率を表示．
　 2 　日本においては，2015年度・2016年度において，成長志向の法人税改革を実施し，税率を段
階的に引き下げ，37.00％（改革前）→32.11％（2015年度），29.97％（2016・2017年度）→
29.74％（2018年度〜）となっている．
　 3 　英国の引上げ後の最高税率（25％）は，拡張利益（※）25万ポンド（3,850万円）超の企業
に適用（現行は一律19％）．
　　　 なお，拡張利益25万ポンド（3,850万円）以下では計算式に基づき税率が逓減し，5万ポン
ド（770万円）以下は19％に据え置き．
　　　 ※拡張利益とは，課税対象となる利益に加えて他の会社（子会社等を除く）から受け取った
適格な配当を含む額のことを指す．
備考）邦貨換算レートは，1ポンド＝154円（裁定外国為替相場：令和4年（2022年）1月中適用）．
出典）各国政府資料
出所）法人税など（法人課税）に関する資料：財務省
　　　 https://www.mof.go.jp/tax_policy/summary/itn_comparison/j03.htm　2022年8月30日閲覧．

図 5 - 2　諸外国における法人実効税率の国際比較（2022年1月現在）

5．法人実在説と法人犠牲説

(1)　考え方の相違

　法人所得に対する課税の根拠は，通説的な表現に従えば，法人実在説と法人
犠牲説（以下，実在説，犠牲説と示す）である．前者は，法人を，人格を持つ
独立の主体とみなし，個人所得と切り離して法人所得を独立の課税対象とみな
すという考え方である．一方，後者は，法人は，その法人の所有者のものであ
り，法人所得は，（株式会社ならば）株式所有者の所得に帰属すべきもので，

132

法人税は，保留所得に対する課税のための，所得税の先取りという形をとるものとみなされ，法人所得という独立の所得を考えることに反対する考え方である．以下では，この課税の根拠がいかにして用いられてきたか，その歴史の一齣を示し，課税の根拠が国民への課税の説得の論理として用いられる意義を示唆したい．

(2)　それぞれの根拠における制度の具体的対応の方向性

実在説に従うならば，法人の利潤に課税し，税を徴収された後の利潤が配当として個人に渡された際に，それを配当以外の他の所得と合算して個人の所得税の課税対象とすることを主張する．一方の，犠牲説では，法人の利潤に対する課税は，配当として，個人に帰属すべき所得に対する所得税の前取りであるとの立場をとり，配当を他の所得と合算して，個人の所得税を課す際に，この前取り分を控除すべきと主張する．

(3)　シャウプ勧告以前

明治32年にはじめて法人所得が課税された時の税率は，2.5％の比例税率であった．そして個人所得計算において，法人からの配当金を，個人の所得から除外するかたちであった．したがって，この扱い，制度は犠牲説に即したものと言える．その後，法人所得に対する比例課税は，日露戦争時の非常特別税法で部分修正され，大正2年に合名会社，合資会社の所得に対する累進税率の適応がなされることとなる．そして，大正9年には，法人の超過所得と留保所得に対する3段階の累進課税を課すことになり，さらに個人所得の計算にあたって，配当への課税がなされることとなった．つまり，方向性としては，犠牲説から，実在説と整合性を持つ税制へと近づいたのである．それが，実在説の考え方の正当性を認識するがゆえに生じたわけではない，と断定する証拠はないが，大戦中の，法人所得の急増，配当所得の激増，という事実に対する国民感情が，この処置を支持した．つまり，実在説が，課税に際しての説得の論拠と

して有効であった可能性は十分に考えられる.

　さらに，昭和15年の改正によって，実在説へと近づくこととなる．それまで，法人税は，資本金に対する0.15％と，所得に対する18％の比例税とであったが，法人臨時利得税として，10％を超え平均利益率以下の部分に25％，平均利益率を超え30％以下の部分に45％，30％を超える部分に65％という高率の課税を定めた．一方，所得税においては，分類所得税において，配当所得に，10％の税率で課税し，総合所得において，あらゆる所得の合算と累進税率による課税とした．その後，戦時の税制は，このシステムで課税強化が進められることになる．戦時の経済において，勤労動員が強化される状況下，配当所得に有利な税制を実施することは，国民感情に際して困難であった可能性もあるし，また，軍需の増大によって，企業の利潤が増大する状況下，企業サイドにおいても，上記の税制に反対する余地は乏しかったものと考えられる．

　第二次大戦後，法人臨時利得税が廃止となるが，法人所得に対する累進課税方式は，法人税に残されることとなった．具体的には，法人の所得に35％を課し，さらに超過所得として，資本の30％，50％，100％を超える金額部分に，それぞれ，10％，15％，20％の累進税率を課すことになった．

(4)　シャウプ税制

　シャウプ税制においては，（所得税の最高税率が55％である中）法人税率を35％とした．そして，所得税における，配当所得についての税額控除を25％に設定している．これはつまりは，それまで，実在説の方向へ動いてきた税制が，犠牲説へ方向を転換した，大きな転換点といえる．

(5)　シャウプ税制以降

　経済社会状況が，朝鮮動乱後の活況に際する一方では，輸出振興，合理的投資促進のための租税特別措置が講じられ，その中で，法人税の税率は35％から42％に引き上げられた．その後，昭和29年の景気対策の一つの措置として，法

人税率を40％に引き下げるとともに，法人所得の50万円以下の部分に関しては，35％という軽減税率とすることで，2段階税率となった．また，配当所得の税額控除を，30％に引き上げた．この傾向は，その後，急速に拡大され，昭和32年からは，所得税における配当所得の税額控除に，2段階の措置が取られるようになった．さらに昭和36年からは，法人所得の配当分に対する2段階の軽減税率も適用されることになった．ここで留意すべきは，大枠の状況として，犠牲説が続く傾向があるものの，これらの改革に，法人への課税根拠に関する論理の適応は成し難い点であろう．法人税率を軽減する一方で，所得税としては配当から徴収することを縮小し，法人所得の配当分への課税に際しても軽減税率を適用している．まさに，景気対策からの要請に応える改革であり，課税の根拠論を念頭に置いた改革とは言い難い．

　犠牲説と整合的な課税は，経済を安定的に成長させる必要に迫られた状況下においては，有効である可能性がある．資金需要者としての法人は，資金の調達に際し，株式募集によるか社債，銀行借り入れによるかといった選択を迫られる．この時，借入資金の金利負担は，所得計算上は損金であり，法人課税の対象にはならない．これに対して，株式に対する配当は，所得計算上の利益から支出され，利益には法人税が課される．そして，課税後所得から配当を出す時には，配当率を借入金等の利率よりも低くしなければ，内部留保の確保が困難となる可能性がある．しかしこの場合には，個人（資金提供者）は，株式保有よりも，社債等債券を購入するか，金融機関への預金を選ぶことになる．この時，資金の提供者に株式保有を選ばせるには，金利水準と同一の配当率を達成させなければならない傾向となる．

　しかしながら，犠牲説の考え方に即した税制は，経済が大きく成長する状況下では，景気対策としても，課税の説得性や公平性の視角からも，妥当とは言い難い．経済成長下での犠牲説に即した税制は，妥当性が少ない状況で配当所得に有利な条件を与えることとなり得る．すなわち，高い企業利潤が期待できる状況下，人々は，高い配当を求めて，株式に向かい，同時に株式の売却益を

大きく得る傾向となる．つまり法人，個人含め，納税者間での不公平感を増長させ得る．

このように，経済状況に応じ，実在説に従う税制と犠牲説に従う税制について，経済政策的な効果や課税の公平性の観点からも，その有効性が異なる状況がある．したがって，（これらの有効性の異なりを一つの要因として）税制は，歴史が示しているように，実在説に従う方向と犠牲説に従う方向の間で変化する傾向が生まれる．これらのことを念頭に，法人課税（その改革）に関して，以下のような留意点を示唆することができる．

前記で示した，それまで，実在説に即す方向で推移してきた課税が，シャウプ勧告を境に，犠牲説に即す状況へ急転換した事態は，課税についての説得を進める上で弊害を生み得る状況である．戦後の復興過程で，経済安定策が強行され，その体制支持の前提で勧告されたシャウプ勧告であったことを考えれば，犠牲説に従った法人課税となることは当然とも言えるが，しかし，それは従来の方向性からは，大きく転換するものであった．このいわば大転換は，国民感情において，抵抗の少ない状況であったとは言えない．それまで，給与所得に重課し，個人事業所得にも厳しい税制が進められてきた状況に対して，配当所得に対する税額控除への急激な転換が，国民全般の納得を求める上で容易なものであったとは考え難い．また，戦後のシャウプ税制以降の展開についても，経済政策的な側面が重視され，課税根拠の観点からは明確性に欠けた点に留意が必要である．シャウプ勧告に際しての急転換時の状況にまでは至らなくとも，国民における納得の観点からは，同様の問題点が生じていた可能性もある．

課税に際して，国民の納得を得ることの意義を認めるならば，少なくとも，シャウプ勧告時のような制度の急な転換は問題なしとはし得ない．国民の納得を得られない税ほど，国政において混乱を招く可能性が高まるからである．もちろん，いついかなる時も，課税に対する国民感情が税制改革に際し最重要と言うことはできないが，少なくとも，法人課税におけるような明確に異なる二つの根拠が認識されている中で，現実の制度が，一方の根拠に即す状況から，

他方の根拠に即す状況へと急激に転換する状況が好ましいとは言い難い．確か
に経済成長等，経済の安定は，もっとも重要な社会の課題の一つであるが，だ
からと言って，国民感情を無視してよいということにはならない．なお，もし
も国民感情を無視したことが原因で，国政に混乱がもたらされた場合に，この
ような一方から他方への急激な転換の下では，実在説にせよ，犠牲説にせよ，
課税を国民に納得してもらうための説得の論拠として機能するはずもないこと
は言うまでもないであろう．

　確かに，シャウプ勧告を経て，わが国が高度経済成長へと向かう過程におい
て，税制度が原因で，国政が極端に混乱した状況となったとは言えないが，こ
れは，シャウプ税制が占領行政下で実施された点，およびその後の高度経済成
長へ突き進む社会状況が税制度においても経済成長への対応を求めたとの側面
が影響していると考えられる．したがって，異なる社会状況の下で同様の制度
転換が生じるならば，国民感情に配慮し得なかった弊害が表面化する可能性が
十分に考えられる．すなわち，経済状況に即して，有効性が変化する二つの根
拠それぞれに即した各税制度のメリットを生かしつつも，制度の急激な転換を
避けるために，税制改革以外の経済政策を駆使し，急激な経済危機を，少しで
も安定的に乗り切っていくことの重要性が，時代の推移とともに税制改革を進
めていく上での基礎要件として示唆されることとなる．

6．相続税・贈与税

　相続税は，人の死亡により，その人の財産等を一定の血縁者が受け継いだり
（相続），遺言による贈与（遺贈）などにより財産を取得したものに対して，そ
の財産の，取得の時における時価の一定割合を徴収する税である．

　相続税を課税する根拠は，基本的には遺産の取得（無償の財産取得）に担税
力を見出して課税するもので，所得税を補完するものと考えられている．

　相続税の税率は，累進税率であり，これを適用することにより，富が相続に
よって，特定の人に過度に集中するのを抑制し，機会の平等を確保しようとの

意図を持っている.

　なお，相続税は，被相続人の遺産額が一定の金額に達しなければ課税されない. この金額が，相続人の課税最低限たる遺産に係る基礎控除であり，近年引き下げられる方向にある.

　贈与税は，原則として，相続税の存在を前提に，個人間における贈与により取得した全ての財産を課税の対象として賦課される税である. 贈与税は生前贈与による相続課税の回避を防止するという意味で，相続税を補完するという役割を果たしている. 贈与税は，表5-2の国税収入項目においては，相続税の中に含められており，贈与税の提示はない.

●●●第4節　間　接　税●●●

1．消　費　税

　消費税は，何らかの商品を購入すれば，その商品の価格の10％分を，その商品の価格に上乗せして，徴収する税金である. これは，消費一般に広く公平に負担を求めるという観点から，消費全般（一部の非課税取引を除く）を課税対象として取引ごとの各段階で税金を徴収している. その基本的なしくみは，図5-3に示されている通りである.

　大枠として，輸入者は，自らが外国から購入した額に自らの儲け分（付加価値）を足した額（つまり他者への販売額）の10％を納税し，その分を，販売額に含め転嫁している. したがって，ほとんどの財・サービスに10％の消費税がつくことになる.

2．消費税の問題点

　消費税の税率は逆進的である. 逆進税とは，累進税とは逆に，課税の対象となる金額が大きいほどに税率が小さくなる税のことである. よって，消費税の

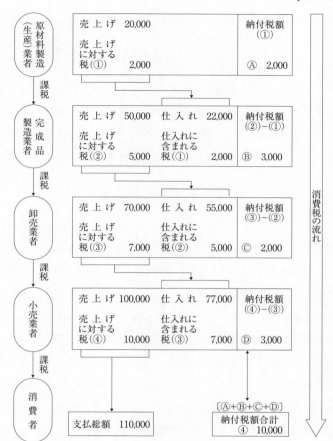

出所）前掲『図説　日本の税制』p. 205.

図5-3　消費税の仕組み

逆進的という意味は，これとは少し異なり，税率そのものは，消費額がいくら
であっても，基本的に10%で一定であるが，消費者の所得に占める消費税額の
割合が，所得の大きい人ほど小さくなるということを意味している．つまり消
費税には，所得の大きい人ほどその所得に占める消費の割合（したがって消費
税額の割合）が小さくなるという傾向が見られるのである．この状況から考え

ると，消費税は，所得の少ない人（低所得者）に厳しい税であり，しばしば不公平との批判を受けることがある．

これに対応して，軽減税率が設けられている．これは，生活必需品などについては，税率を低くし，低所得者の負担を軽減しようとするものである．外国でも軽減税率が設けられている．わが国でも，軽減税率が設けられているが，そのためには帳簿方式からインボイス方式への移行といった形で，さらにしくみを変えていくことが有効である．わが国でもインボイス方式への移行が進められている．

3．酒　　税

酒税の課税対象は，アルコール度が1度以上の飲料である．平成18年度の税制改正では，酒類の分類をその製造方法などによって①発泡性酒類（ビールや発泡酒等），②醸造酒類（清酒やワイン等），③蒸留酒類（焼酎やウィスキー等），④混成酒類（リキュールやみりん等）の4種類に分けた．基本的に酒税は，製造業者が製造工場から，これらのお酒を出荷する際に課される．つまり製造業者が出荷量に応じた酒税を支払う．課される額は，お酒の種類や原材料の内容に応じて，「1kℓ当たりいくら」というかたちで決められていて，製造業者が支払った酒税は，酒類の販売価格に含められ転嫁される．

輸入酒は，保税地域（輸入した商品を関税の納付を保留した状態で置いておける地域）から，酒類取扱者（輸入者）が品物を引き取る時に，酒税が課せられる．つまり酒類取扱者が，国内で製造された酒類と同様の規定の酒税額を納税し，酒類取扱者が支払った酒税は，酒の販売価格に転嫁される．

ちなみに，お酒に対する消費税については，酒税を含んだ価格に，その10%で計算された消費税額を加算した金額となる．したがって，酒税に対して消費税が掛かっていることになる．もとより，消費税法は，簡素な税法にすることを柱にして立法に至ったものだから，お酒の製造者や流通業者に，お酒の酒税以外の本体価格と酒税相当額の併記という煩雑な事務を求めず，消費税法の施

行時に酒税率の変更を行い，酒税に消費税が掛かるという二重負担の問題の調整が行われた．確かに，形式的にはタックス・オン・タックス（税に税が掛けられる）ということになっているが，どれだけ課税すべきかに関する議論は，実質的には，お酒に対して酒税と消費税との合計額でどれだけ税負担を求めるかという政策判断に帰着することになる．

　酒税以外の個別間接税においても，たばこ税，ガソリンへの課税等では，酒税と同様，タックス・オン・タックスとなっている．

４．たばこ税

　たばこ税および，たばこ特別税は，たばこの製造業者，輸入者が，納税する税であり，たばこの販売価格に転嫁される．税率は，たばこ1,000本当たりについての額として定められている．

　昭和30年頃のたばこは，専売納付金として政府収入の約10％を占めていたが，昭和60年に日本専売公社から日本たばこ産業株式会社（JT）に民営化されたのに伴い課税されることとなった．

　現在，製造たばこについては，消費税の他に，国のたばこ税およびたばこ特別税並びに地方のたばこ税（道府県たばこ税・市町村たばこ税）が課されている．税率は1,000本あたり何円の税を課する，という形で示される．

　たばこ税については，国民の健康の観点から課税がなされる面がある．平成17年７月に，「喫煙は，あなたにとって肺がんの原因の一つとなります．医学的統計によると喫煙者は肺がんにより死亡する危険性が非喫煙者に比べて２倍から４倍高くなります」「妊娠中の喫煙は，胎児の発育障害や早産の原因の一つとなります」「喫煙は，あなたにとって脳卒中の危険性を高めます」等のように健康への危険性を具体的に示すことが義務付けられた．

（間接税の賦課と資源の最適配分）

　いま，完全市場の需要曲線 DD' と供給曲線 SS' が図５-４で表されたものと

する．ここでの経済主体はプライステイカーであり，需要曲線と供給曲線が均衡する E 点で取引が行われるので，均衡取引量は Q_0 であり，均衡価格は P_0 である．全ての取引が価格 P_0 で行われるわけであるから，三角形の面積 $DE\,P_0$ は消費者余剰，三角形の面積 P_0ES は生産者余剰であり，社会全体の総余剰（社会的余剰）は，DES となり，資源の最適配分が行われている．

　この市場において，政府は供給者に対して，1単位当たり T 円の税を賦課したとする．このとき，消費者が直面する価格を縦軸にとると，供給曲線は図5-5のように，SS' から $S_1S'_1$ へシフトする．この結果，需要曲線，新しい供給曲線の交点は F 点となり，価格は P_0 から P_1 に上昇し，取引量は Q_0 から Q_1 に減少する．そこで買い手は課税前よりも1単位当たり，P_1 から P_0 だけ余分に支払うことになり，供給者が実際に受け取る額は，課税前よりも P_0 から P_2 だけ減少する．

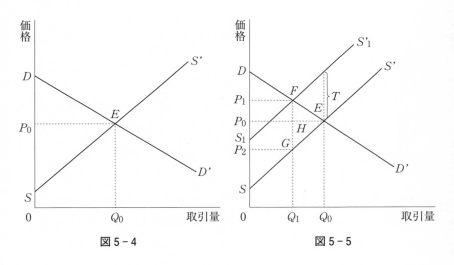

図5-4　　　　　　　　　　　図5-5

　このように間接税が導入されると，消費者余剰は DEP_0 から DFP_1 に，生産者余剰は P_0ES から P_2GS に減少する．P_1FGP_2 は政府の税収入となり，これは何らかの形で国民に使われるから，政府余剰として扱われる．この結果，社

会全体の総余剰は $DFGS$ となり，課税前よりも，FEG だけ減少することになる．この面積を経済厚生の損失（死荷重），または課税の超過負担と呼んでおり，税が付加されることによって，資源の最適配分が阻害される結果となる．

それでは，この間接税は誰が負担するのであろうか．課税後の消費者の価格は P_1 になるので，消費者は図5-5の P_1FHP_0 を負担することになる．これが税の前転である．一方，供給者は，課税後の価格（供給者が受け取る価格）が P_2 になるので，供給者は図5-5の P_0HGP_2 を負担することになる．

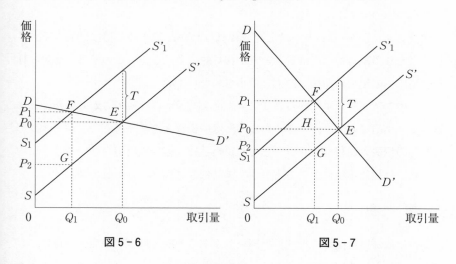

図5-6　　　　　　　　　図5-7

ここで，ぜい沢品への同様の課税を考えてみよう．ぜい沢品は，価格変化に対する反応度が大きく，わずかな価格変化に対しても需要量が大きく変化する傾向があるので，需要の価格弾力性が大きく，図5-6にみられるように，需要曲線 DD' の勾配は緩やかに描かれる．この結果，図5-6で明らかなように課税によって供給曲線が SS' から $S_1S'_1$ へシフトした結果，消費者が支払う価格の上昇に対応し，需要が大きく減少する．すなわち，取引量が激減するので，1単位当たりの税が同じ T 円であったとしても，税収は減少する．また，1単位当たりの税負担は供給者の方が相対的に多くなり，課税に伴う余剰損失も

供給者の方が大きい．結果的に，取引量が激減した分，経済厚生の損失の面積
（FEG）が大きくなっている．

　一方，生活必需品への課税のケースを考えてみよう．生活必需品の需要曲線
の勾配は，図5-7が示すように，急に示すことができる．すなわち生活必需
品は価格変化に対する需要の変化は小さい．図5-7が示すように，課税に
よって，供給曲線が SS' から $S_1S'_1$ へシフトし，消費者が支払う価格が P_0 から
P_1 に上昇しても，需要の減少は，相対的に小さい．すなわち需要の価格弾力
性は小さいのである．

　すなわち，図5-6のケースと比較すればわかるように，税収は大きく，1
単位当たりの税負担は，消費者の方が相対的に多くなる．この結果，課税に伴
う経済厚生の損失の面積（FEG）は小さくなっている．

　以上のことから理解できるように，生活必需品への課税の方がぜいたく品に
比べて，供給量の減少が少ないため，政府の税収入を多く得ることができ，経
済厚生の損失の面積も小さい．しかし買い手に大幅な税負担を強いることにな
るため，付加価値税において，生活必需品に軽減税率が行われている．

5．関　　税

　関税には「財政関税」と「保護関税」がある．前者は，国の収入を得ること
を主な目的とする関税で，後者は，国内産業の保護を主な目的とする関税であ
る．米の関税は，典型的な保護関税である．関税が課されることによって，輸
入業者は販売価格の設定に際し，国内の生産者よりも不利な状況となるので，
国内の米生産者が保護されることになる．また，関税には，輸入品の量に応じ
て課税するもの（このような税を「従量税」という）と，輸入品の金額に応じ
て課税するもの（このような税を「従価税」という）などがある．

　過去においては，関税は国の財源として重要な地位を占めていた時期もあっ
たが，現在，ほとんどの国の関税は保護関税となっている．

6. 印 紙 税

　印紙税は，領収書，約束手形等，および不動産の譲渡契約書等の契約書と
いった経済取引に伴い作成される文書にかかる税である．納税者は課税対象と
なる文書の作成者であり，印紙税の納付は，納税者が印紙を購入し，印紙を文
書に貼り付けることによって納付される．しかし，納税方法の簡素化のため現
金納付することもできる．

　税率は，課税文書の種類に応じて定められていて，文書に記載された金額の
多寡によって税率が異なる，階級別定額税率によるものや，文書一通ごとの定
額税率によるものなどがある．特定の文書には免税点が設けられ，一定の記載
金額以下の文書には印紙税を課税しない仕組みとなっている．

　契約書や領収書などの文書が作成される場合，その背後には，取引に伴って
生じる何らかの経済的利益があるものと考えられる．また，経済取引について
文書を作成するということは，取引の当事者間において取引事実が明確となり
法律関係が安定化されるという面もある．印紙税はこのような点に着目し，文
書の作成行為の背後に担税力を見出して課税しているということができる．

●●●第5節　特定財源等諸税●●●

　以下では，特定財源等諸税について，令和3年度の状況を念頭に説明をする
ことにする．

1. 揮発油税

　この税は，道路整備緊急措置法に基づき，平成20年までは，道路特定財源と
なっていた．しかし，わが国の道路は，ほぼ整備され，特定財源としなくとも
道路財源を賄うことができるとの観点から，平成21年には，「地方税等の一部
を改正する法律」「道路整備事業に係る国の財政上の特別措置に関する法律等

の一部を改正する法律」が公布・施行され，揮発油税，地方道路税ともに，道路特定財源から一般財源となった．そしてこの時に，地方道路税は地方揮発油税に改められた．

　なお，「平成23年度税制改正大綱」で，地球温暖化対策のための税（環境税）の導入を目指す方針が明記され，これに伴い，揮発油税，地方揮発油税，軽油引取税について，本則の税率に上乗せされてきた暫定税率を廃止し，それと同率の「特別税率」を環境税導入までの間，課税するなどの対応があった．

　揮発油税はガソリンにかかる税金（従量税）であり，納税義務者は，原則として揮発油の製造場からの移出者（または保税地域から引き取る者）で，税はガソリンの販売価格に転嫁される．揮発油税の税率は，揮発油1kℓにつき4万8,600円（地方揮発油税は5,200円）である．

2．石油ガス税

　この税も，かつては道路特定財源で，道路建設のための財源であった．道路整備緊急措置法に基づき，平成15年度から，5年間は国の特定財源とされ，2分の1は，都道府県および政令指定都市の道路特定財源として，それら地方公共団体へ譲与（これを石油ガス譲与税という）されていた．しかし，平成21年に，「地方税等の一部を改正する法律」「道路整備事業に係る国の財政上の特別措置に関する法律等の一部を改正する法律」が公布・施行され，道路特定財源が一般財源化された際に，一般財源となった．ゆえに，現在は，国の一般財源で，さらに都道府県および政令指定都市へも一般財源として譲与されている．

　この税は，自動車用の石油ガス（自動車の燃料となるLPガスなど）に課される税金で，納税義務者は，自動車に石油ガスを充てんする業者（石油ガススタンドの経営者等）などであり，税は，石油ガスの販売価格に転嫁される．税率は，石油ガス1kgにつき，17円50銭の従量税率である．

３．自動車重量税

　この税は，主に車検を受ける自動車にかかる税金で，車検証の交付を受ける会社や個人が納税する．負担額は，車種，車検期間，重量などによって異なる．ただし，ハイブリッド自動車等の，いわゆるエコカーは，平成21年４月１日から平成24年４月30日までの間は免税となるなどの，環境に配慮した制度が適用されていた．さらにその後も，一定の排ガス性能・燃費性能等を備えた自動車については，令和３年５月１日から，令和５年４月30日までの間における新車の新規車検等の際に，減免措置（いわゆるエコカー減税）が講じられている．

４．航空機燃料税

　この税は空港設備など航空に貢献する支出に用いられている．形式的には，税収入のほとんどが一般財源であるが，国の空港整備費に充てられている．また，一部が空港関係市町村（空港が所在する市町村，あるいはこれに隣接する市町村も含む）および空港関係都道府県（空港関係市町村を包括する都道府県）の空港対策費として，地方公共団体に譲与される．

　航空燃料税は，航空機に積み込まれた航空機燃料に課税され，航空機の所有者や使用者が納税義務者となる．税率は（若干の例外を除き）１kℓ当たり２万6,000円の従量税であったが，平成23年度以降，１kℓ当たり１万8,000円へと引下げが行われた．令和５年では，１kℓにつき１万3,000円の従量税となっている．

５．電源開発促進税

　この税は，発電施設の立地や，電源利用対策，原子力安全規制対策などに用いられる．この税は電力会社等，電気の供給者が販売する電気に課されており，電気の供給者が納税する．

　具体的な税率は，平成19年４月より，1,000キロワット時につき，375円である．

6．石油石炭税

　この税は，平成15年度税制改正によって平成15年1月1日から「石油税」が「石油石炭税」に改称された税である．石油石炭税は，原油，輸入石油，石炭等に課税され，形式的には一般財源であるが，燃料安定供給対策およびエネルギー需給構造高度化対策の財源となっている．なお，石炭等が国内の採取場から移出された場合は，移出者が，（輸入され）保税地域から引き取られた場合は，引取り者が納税義務を負うことになる．例えば，原油は1kℓにつき，2,800円，石炭は1トン当たり1,370円で一定の単位当たりの額として課税される．

◖◖◖第6節　地方譲与税◗◗◗

　地方譲与税とは，地方税として地方が徴収し用いるべきだが，実務的理由などにより，地方公共団体が徴収しにくいため国が国税として徴収し，地方に配分するものである．

　航空機燃料税など，すでに見てきたように，地方に譲与されている．これらが地方譲与税である．

　なお，地方交付税の配分におけるような，詳細な補正（前章2節2．参照）は行われていない．

◖◖◖第7節　国家予算におけるその他の歳入◗◗◗

　以下では，国家予算におけるその他の歳入を，令和4年度予算を中心に概観しよう．金額の推移の概況は，表5-1に示されている．

1．官業益金及官業収入

　これは，国の事業活動から得た利益と収入のうち，一般会計の収入となる部

分である．現在，計上されているのは，病院収入，国有林野事業収入である．

2．政府資産整理収入

　これは，相続税納付に際しての物納（相続税額を支払うことができず，相続財産自体を国に納付すること）によって得た政府資産等を売却して得た国有財産処分収入や，かつて，国が貸し付けた資金を回収する回収金等収入から構成されている．

3．雑　収　入

　これは，国有財産利用収入，納付金，諸収入から構成されている．国有財産利用収入には，国有財産貸付収入，国有財産使用収入などがあり，国有地などの貸し付けである，国有財産貸付収入が，国有財産利用収入の5割以上を占めている．また，政府出資に対する各法人からの配当金収入も国有財産利用収入に計上されている．

　納付金には，日本中央競馬会から納付される納付金を見込んだものや，スポーツ振興くじの収益を見込んだ，独立行政法人日本スポーツ振興センター納付金などがある．また，日本銀行納付金も計上されている．

　諸収入には，外国為替資金特別会計などの特別会計からの受入金，公共事業費負担金，国立学校の授業料，入学検定料などがある．

　外国為替資金特別会計からの受入金は，政府が外国為替市場で売買を行い得た差益や，その差益を運用して得た収入の一部であり，公共事業費負担金は，国の行う事業（国直轄事業）の費用の一部を，地方公共団体が負担した分で，Chapter4　表4-2のE欄と表4-3のD欄である．

4．前年度剰余金受入

　当該年度の予算が執行された結果，歳入が歳出を上回っている場合がある．予算における歳入は，あくまで予測・見積りだからである．この差額が，歳入

に計上されることになる．これが前年度剰余金である．ただし，財政法第6条において，「剰余金のうち，2分の1を下らない金額は，公債または借入金の償還財源に充てなければならない」と規定されている．当然に，景気が悪い状況では税収入が少なくなり，剰余金が計上されない可能性は高まる傾向にある．

◖◖●第8節　主要地方税の概要●◗◗

すでに前章で，国の歳出のうちの少なからぬ金額が，地方への補助金として支出されることを示した．そして，国の歳出の各項目に含まれている国庫支出金については，多くが，事業総額の3分の1の補助，2分の1の補助といった，定率補助であり，地方公共団体は，国庫支出金を得て実施する事業に，前章の地方交付税（交付金），あるいは，上記の地方譲与税，さらに以下で見る地方税，および本章第9節　3．で見る地方債によって得た財源を充当することになる．

1．地方税体系

地方税の構成は表5-4・表5-5に示されている．地方税の税率は，地方税法（昭和25法律226）に基づき税ごとに定められる方向にあるが，その種類として標準税率，制限税率，一定税率，任意税率がある．標準税率は地方負担について，国として標準的な目安を示す趣旨で定められたものである．しかし，標準税率を超えた税率で課税することも可能である．その場合の最高限度額を定めたものが制限税率である．制限税率が定められている税は，道府県税では，法人道府県民税，事業税等であり，市町村税では，法人市町村民税等である．

一定税率が提示されている税については，全国一律に全ての地方公共団体がこの税率を採用しなければならない．任意税率とは，地方税法に税率を定めないで，地方団体が独自に定めることができる税率である．

地方税は表5-4・表5-5に見られるように道府県税と市町村税の普通税と

表5−4　都道府県税収入の累年比較

区分	昭和30年度		40		50		60		平成元年度		10		20		30		令和元年度		2 (計画)		3 (計画)	
	金額(億円)	構成比(%)	金額	%	金額	%	金額	%	金額	%	金額	%	金額	%	金額	%	金額	%	金額	%	金額	%
普通税	1,468	99.8	7,171	91.7	34,987	90.4	92,991	91.1	132,864	90.1	135,366	88.4	166,321	92.8	183,165	99.9	182,942	99.9	187,081	100.0	172,406	100.0
道府県民税	237	16.1	1,758	22.5	9,890	25.6	29,513	28.9	43,369	29.4	36,316	23.8	62,387	34.8	56,976	31.1	56,611	30.9	53,134	28.4	49,595	28.8
個人	140	9.5	1,229	15.7	7,393	19.1	21,002	20.6	23,153	15.7	24,341	15.9			45,404	24.8	45,442	24.8	45,458	24.3	43,538	25.3
法人	97	6.6	529	6.8	2,498	6.5	8,510	8.3	11,465	7.8	8,576	5.6			8,349	4.6	8,212	4.5	4,711	2.5	2,502	1.5
利子割	—	—	—	—	—	—	—	—	8,751	5.9	3,399	2.3			558	0.3	303	0.2	416	0.2	316	0.2
配当割	—	—	—	—	—	—	—	—	—	—	—	—	558	0.3	1,447	0.8	1,670	0.9	1,636	0.9	1,566	0.9
株式等譲渡所得割	—	—	—	—	—	—	—	—	—	—	—	—	212	0.1	1,218	0.7	984	0.5	913	0.5	1,673	1.0
事業税	806	54.8	3,299	42.2	15,015	38.8	39,370	38.6	65,480	44.4	44,825	29.3	54,193	30.2	44,505	24.3	45,966	25.1	43,406	23.2	34,255	19.9
個人	202	13.7	253	3.2	480	1.2	1,298	1.3	2,111	1.4	2,711	1.8	2,167	1.2	2,074	1.1	2,114	1.2	2,157	1.2	1,722	1.0
法人	604	41.1	3,046	38.9	14,535	37.6	38,072	37.3	63,369	43.0	42,113	27.5	52,026	29.0	42,431	23.2	43,851	24.0	41,249	22.1	32,533	18.9
地方消費税	—	—	—	—	—	—	—	—	—	—	25,504	16.6	24,741	13.8	48,155	26.3	48,624	26.6	58,210	31.1	57,496	33.4
不動産取得税	52	3.5	414	5.3	1,814	4.7	4,346	4.3	6,309	4.3	6,358	4.1	4,453	2.5	4,036	2.2	4,042	2.2	1,779	1.0	1,779	1.0
道府県たばこ(消費)税	96	6.5	440	5.6	1,356	3.5	3,130	3.1	3,175	2.2	2,313	1.5	2,632	1.5	1,389	0.8	1,395	0.8	1,435	0.8	1,424	0.8
ゴルフ場利用税(入場・娯楽施設利用税)	15	1.0	95	1.2	500	1.3	1,083	1.1	763	0.5	923	0.6	598	0.3	433	0.2	431	0.2	411	0.2	404	0.2
自動車取得税	—	—	—	—	—	—	—	—	—	—	—	—	—	—	1,982	1.1	1,039	0.6	—	—	—	—
軽油引取税	—	—	—	—	—	—	—	—	—	—	—	—	—	—	9,384	5.2	9,449	5.2	9,641	5.2	9,300	5.4
自動車税	151	10.3	559	7.1	2,675	6.9	4,757	4.7	11,963	8.1	17,369	11.3	16,808	9.4	15,504	8.5	15,303	8.4	16,508	8.8	16,066	9.3
特別地方消費税(遊興飲食・料理飲食等消費)税	79	5.3	549	7.0	3,689	9.5	10,380	10.2	1,494	1.0	1,125	0.7	—	—	—	—	—	—	—	—	—	—
鉱区税	5	0.3	6	0.1	6	0.0	9	0.0	7	0.0	5	0.0	4	0.0	3	0.0	3	0.0	3	0.0	3	0.0
固定資産税(特例)	22	1.5	39	0.5	21	0.1	123	0.1	119	0.1	219	0.1	176	0.1	109	0.1	80	0.0	76	0.0	72	0.0
法定外普通税・その他	6	0.4	10	0.1	22	0.1	280	0.3	185	0.1	220	0.1	329	0.2	488	0.3	—	—	—	—	—	—
目的税	3	0.2	652	8.3	3,705	9.6	9,049	8.9	13,457	9.1	17,827	11.6	12,959	7.2	115	0.1	7	0.0	7	0.0	7	0.0
自動車取得税	—	—	—	—	1,750	4.5	3,471	3.4	5,777	3.9	4,973	3.2	3,663	2.0	—	—	—	—	—	—	—	—
軽油引取税	—	—	649	8.3	1,940	5.0	5,558	5.4	7,663	5.2	12,841	8.4	9,188	5.1	—	—	—	—	—	—	—	—
狩猟税	3	0.2	3	0.0	15	0.0	20	0.0	17	0.0	13	0.0	21	0.0	8	0.0	7	0.0	7	0.0	7	0.0
法定外目的税・その他	—	—	—	—	—	—	—	—	—	—	—	—	88	0.0	107	0.1	—	—	—	—	—	—
旧法による税収入	—	—	—	—	—	—	—	—	1,220	0.8	—	—	—	—	—	—	—	—	7	0.0	7	0.0
東日本大震災による減免税等	—	—	—	—	—	—	—	—	—	—	—	—	—	—	—	—	—	—	▲52	▲0.0	▲73	▲0.0
合計	1,471	100.0	7,823	100.0	38,692	100.0	102,040	100.0	147,541	100.0	153,195	100.0	179,280	100.0	183,280	100.0	182,949	100.0	187,036	100.0	172,340	100.0

備考）1．地方税は地方分与税、交付税及び地方譲与税を含まず、令和元年度以前は決算額（計画外税収含む）、令和2年度及び令和3年度は地方財政計画額である。
　　　2．自動車取得税、軽油引取税は平成21年度の税制改正によって使途が特定されない普通税に改められた。

出所）前掲『図説　日本の税制』p.404.

表5-5　市町村税収入の累年比較

区分	昭和30年度		40		50		60		平成元年度		10		20		30		令和元年度		2（計画）		3（計画）	
	金額	構成比	金額	構成比	金額	構成比	金額	構成比	金額	構成比	金額	構成比	金額	構成比	金額	構成比	金額	構成比	金額	構成比	金額	構成比
	億円	%	億円	%	億円	%	億円	%	億円	%	億円	%	億円	%	億円	%	億円	%	億円	%	億円	%
普通税	2,334	99.6	7,273	94.8	40,100	93.6	120,404	91.8	156,807	92.0	188,291	91.4	199,624	92.3	206,406	92.0	210,648	92.1	204,868	91.8	193,232	91.5
市町村民税	740	31.6	3,046	39.7	19,804	46.2	66,454	50.7	92,750	54.4	88,158	42.8	101,969	47.1	105,324	47.0	107,203	46.9	100,497	45.0	90,974	43.1
個人	575	24.5	2,200	28.7	13,596	31.7	45,028	34.3	59,232	34.8	65,243	31.7	74,450	34.4	81,057	36.1	83,251	36.4	83,740	37.5	80,225	38.0
法人	164	7.0	847	11.0	6,207	14.5	21,426	16.3	33,519	19.7	22,915	11.1	27,518	12.7	24,268	10.8	23,952	10.5	16,757	7.5	10,749	5.1
固定資産税	1,104	47.1	2,773	36.1	14,899	34.8	41,747	31.8	56,434	33.1	90,198	43.8	87,814	40.6	89,958	40.1	91,988	40.2	92,695	41.6	90,628	42.9
土地	433	18.5	655	8.5	6,539	15.3	17,898	13.6	23,209	13.6	37,543	18.2	34,110	15.8	34,478	15.4	34,853	15.2	34,967	15.7	34,852	16.5
家屋	465	19.8	1,210	15.8	5,068	11.8	16,029	12.2	21,708	12.7	35,112	17.0	37,261	17.2	38,498	17.2	39,578	17.3	40,275	18.1	39,201	18.6
償却資産	206	8.8	908	11.8	3,293	7.7	7,821	6.0	11,517	6.8	17,542	8.5	16,443	7.6	16,982	7.6	17,556	7.7	17,453	7.8	16,575	7.9
軽自動車税（自転車・荷車税）	46	2.0	125	1.6	275	0.6	698	0.5	849	0.5	1,159	0.6	1,687	0.8	2,381	1.2	2,692	1.2	2,873	1.3	2,891	1.4
市町村たばこ（消費）税	192	8.2	732	9.5	2,381	5.6	5,515	4.2	5,650	3.3	8,136	3.9	8,084	3.7	8,502	3.8	8,745	3.8	8,786	3.9	8,721	4.1
電気税・ガス税	215	9.2	540	7.0	1,614	3.8	5,271	4.0	—	—	—	—	—	—	—	—	—	—	—	—	—	—
鉱産税	17	0.7	24	0.3	28	0.1	46	0.0	29	0.0	17	0.0	19	0.0	16	0.0	18	0.0	15	0.0	17	0.0
木材引取税	15	0.6	25	0.3	29	0.1	21	0.0	—	—	—	—	—	—	—	—	—	—	—	—	—	—
特別土地保有税	—	—	—	—	1,028	2.4	552	0.4	962	0.6	619	0.3	38	0.0	2	0.0	2	0.0	2	0.0	1	0.0
法定外普通税・その他	5	0.2	8	0.1	—	—	101	0.1	133	0.1	5	0.0	13	0.0	23	0.0	—	—	—	—	—	—
目的税	6	0.3	207	2.7	2,181	5.1	9,316	7.1	11,862	7.0	16,982	8.2	15,732	7.3	16,954	7.6	17,269	7.5	17,545	7.9	17,266	8.2
入湯税	3	0.1	14	0.2	72	0.2	140	0.1	172	0.1	226	0.1	237	0.1	224	0.1	225	0.1	230	0.1	139	0.1
事業所税	—	—	—	—	152	0.4	1,972	1.5	2,646	1.6	3,232	1.6	3,227	1.5	3,783	1.7	3,867	1.7	3,884	1.7	3,899	1.8
都市計画税	3	0.1	152	2.5	1,955	4.6	7,201	5.5	9,040	5.3	13,522	6.6	12,250	5.7	12,914	5.8	13,177	5.8	13,431	6.0	13,228	6.3
法定外目的税・その他	3	0.1	3	0.0	3	0.0	3	0.0	3	0.0	2	0.0	18	0.0	34	0.0	—	—	—	—	—	—
旧法による税収入	4		3	0.0	1	0.0	3	0.0	1,299	0.8	—	—	—	—	—	—	—	—	—	—	—	—
国有資産等所在市町村																						
交付金	—	—	27	0.4	136	0.3	368	0.3	443	0.3	755	0.4	949	0.4	874	0.4	872	0.4	865	0.4	878	0.4
納付金	—	—	164	2.1	439	1.0	1,037	0.8	—	—	—	—	—	—	—	—	—	—	—	—	—	—
東日本大震災による減免等	—	—	—	—	—	—	—	—	—	—	—	—	—	—	—	—	0	0.0	▲192	▲0.1	▲268	▲0.1
合計	2,344	100.0	7,671	100.0	42,856	100.0	131,125	100.0	170,410	100.0	206,027	100.0	216,305	100.0	224,235	100.0	228,790	100.0	223,086	100.0	211,108	100.0

備考）　1.　地方税は地方分与税、交付税及び地方譲与税を含まず、令和元年度以前は決算額（計画外税収含む）、令和2年度及び令和3年度は地方財政計画額である。

　　　　2.　昭和31年度以前の入湯税は法定普通税に含まれる。

出所）　前掲『図説　日本の税制』p. 405.

目的税から構成されている．普通税はその使途が制限されていない税であり，目的税はその使途が制限されている税である．ここでは，主な地方税として，都道府県においては，住民税，事業税，地方消費税，市町村においては，住民税，固定資産税について，令和3年度当初における概要を解説する．なお，東京都の場合は，特別区内について地方自治法により特別の地位を与えられており，特別区（23区）に住所のある個人が納める税金は，道府県税に相当する税は都民税として，市町村税に相当する税は特別区民税として課税される．このことから一般に，道府県税と明記されている場合は，東京都も含まれている．

2．道府県税の主な普通税

　道府県税は表5-4に見られるように，普通税として，道府県民税，事業税，地方消費税等がある．目的税として，狩猟税がある．自動車取得税と軽油引取税は，以前は目的税であったが，平成21年度より普通税となった．

(1)　道府県民税

　所得に対して国が課税する税金が所得税であるのに対し，都道府県や市町村が課税する税金が道府県民税と市町村民税である．この2つを合わせて，通常，住民税と呼んでいる．

ⅰ．個人道府県民税

　住民税は個人住民税と法人住民税に分けられる．個人住民税は個人道府県民税と個人市町村民税とに分けられる．個人住民税は道府県民税を含めて市町村に納税し，市町村が都道府県分を都道府県に送金することになっている．個人道府県民税の納税義務者は，① 都道府県内に住所をもつ個人，② 都道府県には住所はないが，事務所，事業所，家屋敷がある人となっている．① に該当する者は，均等割と所得割を課税され，② に該当するものは，均等割のみが課される．ただし，生活保護法によって生活保護を受けている人，あるいは障

153

害者，未成年者，寡婦，寡夫で前年度の所得が低所得である場合には住民税が課せられない．

　個人道府県民税は所得割，均等割，配当割，株式等譲渡所得割，利子割に分けられる．

　所得割は前年の所得に応じて課税されるもので，所得が多い人ほど多くの負担をすることになる．所得割は，各種控除を適用して求められる．その算定は，国税の所得税の場合とおおむね同方向の方法により算定される．所得割額については，前年中の収入等について，所得税と同様の所得区分に従い所得金額を計算した上で，個人住民税独自の所得控除額を控除して算出した所得割の課税所得金額に税率を乗じ，必要な税額控除を行い算出される．

　かつて都道府県の所得割の標準税率については，課税所得の金額700万円以下の部分については２％，700万円超の部分については３％という２段階の累進税率（超過累進課税）になっていたが，平成19年度からは，国税所得税から個人住民税への税源委譲のため，税率は一律４％の比例税率に改正された（ただし分離課税が適用される所得等に関する例外等がある）．

　均等割は，いわばその自治体に所属する者からとる「会費」的なものであり，その自治体に事務所，事業所，家屋敷を有する者から，一律に徴収する税金で，所得の多い人も少ない人も同じ額を負担する．現在，都道府県の場合は年額一律1,500円（ただし期間ごとに変更される場合がある）である．

　配当割は，株式会社等から受け取る特定配当等について，支払いの際に課税するものである．特定配当とは，一定の上場株式等の配当などである．株式会社等，配当等の支払いをするものは特別徴収義務者として配当等の支払いに際し，県民税配当割を徴収し，都道府県に納めることになっている．税額は特定配当等の額の５％だが，期間ごとに変更となる場合もある．道府県に納められた道府県民税配当割のうちの一定部分が県内の市町村に交付される．なお，納付する都道府県は，配当を受けた者が居住する都道府県である．

　株式等譲渡所得割は，証券会社等から受け取る特定口座（源泉徴収あり）に

おける上場株式等の譲渡に係わる所得等の金額（特定株式等譲渡所得割金額）について，支払いの際に課税する税金である．譲渡による所得の支払いをする金融商品取引業者等は，特別徴収義務者として，株式譲渡所得割を徴収し，課税団体である都道府県に納入する．税率及び納付する道府県および市町村への交付については，配当割と同様である．

　利子割は，利子を得る者の住所地にかかわらず，利子を支払う金融機関が，所在地の都道府県に納税するものである．税率は 5 ％であるが，国税所得税の利子所得課税の税率がおおむね15％であることから，合わせて20％が課税される．また，利子割は，前年課税の所得割とは異なり，現年課税とするところにも特徴がある．

ⅱ．法人道府県民税

　法人道府県民税は均等割，法人税割に分けられる．対象となる法人は，①都道府県内に事務所，事業所を有する法人，②都道府県内に寮等を有するが，事務所や事業所のない法人，等である．①の法人は，均等割，法人税割が課されるが，②の法人は均等割のみが課され，国・地方公共団体等は非課税である．

　均等割の課税方法は個人の場合と同様である．ただし，法人に対する均等割の場合には，その法人の資本金によって支払う額が異なる．都道府県では，資本金の額が，①1千万円以下である法人及び一定の公益法人等は 2 万円，②1千万円を超え 1 億円以下の法人は 5 万円，③1億円を超え10億円以下の法人は13万円，④10億円を超え50億円以下の法人は54万円，⑤50億円を超える法人は80万円の 5 段階になっている．

　法人税割は，主に「国税の法人税額（法人税額から控除される各種税額控除がある場合はその控除前の額）」等の一定割合を徴収するものなので，現実に納付される国税の法人税額と等しいわけではない．また法人が，2 つ以上の地方公共団体にわたって事務所・事業所を有する場合は，従業者数に応じて，関

係地方公共団体に納税額が分割されることになる．標準税率は，1％であり，制限税率は2％に定められている．

(2) 事 業 税

i. 個人事業税

個人事業税は，個人が行う第1種事業（物品販売業，保険業，製造業等の37事業），第2種事業（畜産業，水産業，薪炭製造業），第3種事業（医業，歯科医業，弁護士業等の28事業とあんま，マッサージ，指圧，針灸等の2つに分類されている）に対し，その事業から生じた所得にかかる税金である．個人事業税の標準税率は，第1種事業は5％，第2種事業は4％，第3種事業において医業，歯科医業，弁護士業等の28事業は5％であるが，あんま，マッサージ，指圧，針灸等は担税力に対する配慮から，3％となって税率が軽減されている．なお，制限税率は，個人，法人ともに標準税率の1.1倍と定められている．また，低所得者に対する配慮として，事業主控除が設けられている．

ii. 法人事業税

法人事業税は，内国法人・外国法人の区別なく法人の行う事業を課税対象にしている．ただし，林業，鉱物の掘採事業などに対しては，法人事業税は課税されない．

法人事業税は，道府県税の中心を成すものではあるが，これは所得の状況に大きく影響を受けて，その額が変動することから，景気の動向に左右されて，収入金額が大きく変動する．また，この税源は，地域間において偏在する傾向がある．さらには，事業が赤字である法人は，都道府県の行政サービスを受けているにもかかわらず，事業税を納めなくて済む，という旧来のしくみには，都道府県が提供する行政サービスと法人との応益性の観点から問題があると指摘されていた．

このような問題点を解決するために，平成15年度税制改正において，資本金

156

1億円超の法人を対象として，外形標準課税（法人の所得だけでなく，給与額，資本金など客観的に把握できる外形基準に税金をかける方法）が創設され，平成16年4月1日以降の事業年度部分から課税されている．

　課税標準には，所得割，付加価値割，資本割がある．所得割は，従来の事業税の課税標準である所得および清算所得であり，付加価値割は，報酬給与額，純支払い利子等で，資本割は，資本金，出資金等である．なお，規模の大きい法人においては，2以上の都道府県に事務所，事業所が設けられていることが多い．その場合には，従業者数等に応じて，その法人の所得が関係都道府県に分割され，それぞれの所属する都道府県に事業税を納めることになっている．

(3)　地方消費税

　地方消費税は地方分権の推進，地域福祉の充実等のため，地方税源の充実を図る観点から，平成9年4月より施行された地方税である．地方消費税には，譲渡割と貨物割がある．譲渡割は，国内の商品・サービスの販売・提供を行った事業者に賦課されるものである．貨物割は，外国貨物を保税地域から引き取る法人または個人に賦課されるものである．令和4年度において，消費税の税率が10％の状況では，国庫に入る消費税額の78分の22が地方消費税（消費税率換算で2.2％）となる状況で税額の計算を行うことになる．地方消費税は，地方税だが納税者の事務負担の軽減を考慮して，当分の間，国が国税消費税と合わせて集めることになっている．このため，譲渡割は税務署に申告納税し，貨物割は税関に申告納税する．国は地方消費税の納付があった月の翌々月の末日までに，納税された消費税を納税地の都道府県に払い込むことになっている．都道府県に払い込まれた地方消費税は，「都道府県ごとの消費に相当する額」（商業統計に基づく小売年間販売額とサービス業のうち対個人事業収入額の合計額，人口，事業所・企業統計に基づく従業者数など）に応じて按分され，各都道府県間で清算が行われる．なお，都道府県間の清算を終え，各都道府県の収入として決定された地方消費税の2分の1に相当する金額については，人口

と従業者数で按分して，各都道府県内の市町村に交付される，という交付金制度がある．

3．市町村税の主な普通税

市町村税は表5-5に見られるように，普通税として，市町村民税，固定資産税，軽自動車税，市町村たばこ税，法定外普通税等があり，目的税として，入湯税，事業所税，都市計画税等がある．

(1)　市町村民税

i．個人市町村民税

市町村の行政事務に要する経費を，身近な住民に分担させるため，その市町村内に住所や事務所を有するものが応分の負担をしようとする趣旨から設けられた税金である．

個人市町村民税の納税義務者は，① 市町村に住所をもつ個人，② 市町村に住所はないが，事業所，事務所，家屋敷がある個人である．個人道府県民税同様に，ここでも ① に該当する者は，均等割と所得割を課税され，② に該当するものは，均等割のみが課され，生活保護法によって生活保護を受けている人，あるいは障害者，未成年者，寡婦，寡夫で前年度の所得が低所得である場合には住民税が課せられない．

個人市町村民税には，均等割と所得割がある．均等割の標準税率は，かつては，50万人以上の都市，5万以上50万未満の都市，その他の市町村の3つに区分されて金額が違っていたが，平成16年度から，この区分が廃止され一律年額3,000円となった（ただし，平成26年から約10年間は3,500円である）．

そして，平成19年度の税制改正によって，所得割の標準税率は，それ以前の累進税率から一律6％の比例税率となった．個人市町村民税の所得割の課税対象である所得は，個人道府県民税の場合と同様に算定される．

ⅱ．法人市町村民税

　法人市町村民税には，均等割と法人税割がある．法人に対して課される均等割も，課税方法は個人の場合と同様である．ただし，法人に対する均等割の場合には，その法人の資本金の額や従業員数によって支払う額が異なる．市町村では，①資本金が１千万円以下である法人および一定の公益法人等で，従業員数が50人以下の事務所等は５万円，50人を超える事務所等は12万円，②１千万円を超え１億円以下の法人で50人以下の事務所等は13万円，50人を超える事務所等は15万円，③１億円を超え10億円以下の法人で，50人以下の事務所等は16万円，50人を超える事務所等は40万円，④10億円を超え50億円以下の法人で，50人以下の事務所等は41万円，50人を超える事務所等は175万円，⑤50億円を超える法人で，50人以下の事務所等は41万円，50人を超える事務所等は300万円となっている．なお，この標準税率の1.2倍が制限税率として定められている．

　法人税割の概要説明は，本節２．(1)ⅱ．法人道府県民税で終えているので，ここでは税率のみを示そう．法人市町村民税の法人税割の標準税率は６％であるが，制限税率は8.4％に定められている．

　法人市町村民税の納税義務者も，法人道府県民税と同じで，①市町村内に事務所，事業所を有する法人，②市町村内に寮等のみを有する法人，等である．①の法人は均等割および法人税割の合計額，②の法人は均等割のみが課税され，国，地方公共団体等は非課税である．

(2)　固定資産税

　固定資産税は，市町村税の中で基幹税目であり，個人または法人の所有する固定資産，すなわち土地，家屋，償却資産の適正な時価に課税される．標準税率は，1.4％になっているが，宗教法人，学校法人，社会福祉法人等は非課税になっている（平成16年度改正において，制限税率は廃止された）．固定資産税の課税客体は土地，家屋，償却資産に分けられる．

固定資産税は，原則として，固定資産の所有者が納税義務者となる．そして固定資産税の課税標準は，固定資産の適正な時価である．固定資産の評価方法は極めて複雑であるが，基本的には，土地については売買実例価格，建物については再建築価格，償却資産については取得価格を基盤として評価がなされる．

　土地については売買実例価格や，国や県が示した基準となる土地の評価額に基づいて評価され決定する．ただし，宅地用地については，税負担を軽減するために特例措置を設けるなどしており，宅地，農地等の土地の種類に応じて特例的な様々な規定がある．なお，納税義務者の所有する土地の評価額の合計が，30万円に満たない場合は課税されない．そして，土地の評価額は3年ごとに見直す制度がとられている．しかし，バブル崩壊後は地価の急激な下落が起こったことから，評価額を据え置くことが適当でないときは，3年という区分にかかわらず，評価額を修正する方向で制度上の対応がなされている．その中で，平成6年度の評価替えから，宅地の評価は地価公示価格の7割を目処に評価の適正化を図っている．

　家屋は，再建築価格から，消耗原価率を考慮したものとして計算される．再建築価格とは評価の対象となった家屋と同一のものを，評価の時点（その年の1月1日）で，その場所に新築するとした場合に必要とされる固定資産評価基準上の建築費（建築業者に支払った金額ではない）である．それに対し家屋建築後の年数の経過により生ずる消耗の減価率を乗じて評価額を求めるのである（この時，建築年度からの物価の上昇等も考慮されて算定が成される）．

　住宅を新築したとき，居住部分の床面積が50㎡以上280㎡以下の建物等は，新築後3年度分の固定資産税額が2分の1に減額されるといった仕組みがある．また，納税義務者の所有する，家屋の評価額の合計が，20万円に満たない場合は固定資産税が課税されない．また，評価額は，3年ごとに評価替えを行う．

　償却資産とは，法人や個人が事業のために用いる機械・器具，備品等で，法人税，所得税で，減価償却の対象となるものを指す．具体的には① 構築物（煙突，鉄塔，舗装路面等），② 機械および装置（旋盤，ポンプ，動力配線設備，

土木建築機械等），③ 航空機（ヘリコプター等），④ 船舶（モーターボート等），
⑤ 車両および運搬具（大型特殊自動車，貨物，客車等），⑥ 工具，器具，備品
（測定器具，机，いす，ロッカー，パソコン等）等の事業用資産である．ただ
し，車両のうち自動車税・軽自動車税の対象となるものは除かれる．

　償却資産の評価は，その取得価格から減価率を考慮して算定する．償却資産
は，基本的に毎年評価を行うことになる．なお，納税義務者の所有する，対象
となる資産の評価額の合計が，150万円に満たない場合は課税されない．

◖◖◖ 第9節　公　　債 ◗◗◗

　公債とは，政府の資金調達の手段として発行される債券のことである．一般
に，国（中央政府）が発行し資金を調達する際の公債を国債と言い，地方政府
が発行する公債を地方債という．

1. 国　　債

　公債とは，国や地方公共団体が債券の発行を通して行う借り入れで，その発
行された債券を指す場合もある．国債とは国家が発行する公債のことである．
国債による収入は，一般会計予算においては「公債金収入」と表示される．国
債を利払い方式によって分類すると，利付国債，変動利付国債，割引国債の3
種類に分けられる．利付国債は，毎期ごとに利息が支払われ，満期償還時には
額面金額が戻ってくる国債である．変動利付国債は利子の額が市場金利によっ
て毎回見直され，償還時に額面全額が支払われる国債である．割引国債は，利
子の支払いがなく，償還期限までの利子相当分をあらかじめ額面金額から差し
引いて発行される国債である．

　国債の主な保有機関は，日本郵政グループの株式会社ゆうちょ銀行，年金積
立金管理運用独立行政法人（GPIF），民間銀行，各種保険会社などである．こ
れらの機関は，それぞれ郵便貯金，公的年金の積立金，預金，保険料積立金と

いった財源を運用して利益を得ることを目的としている．さらに，日本郵政グループ，銀行などの窓口を通じて，個人が国債を保有し，売買する場合もある．

　なお，貨幣を発行している日本銀行（日銀）も，発行した貨幣で債券市場から国債を購入する（引き受ける）ことができる．この場合，日銀が国債を購入しただけの貨幣が市場に供給されることになる．

　ただし，財政法第5条は，日銀が直接的に政府から新発債（新たに発行された公債）を購入する（引き受ける）ことを禁じている．これは政府の借金を日銀が引き受けることによって，貨幣が市場に供給され，安易なインフレーションにつながる恐れがあるからである．しかし，日銀が金融機関から既発債（すでに市場にて取引された公債）を購入することは認められている．

　さらに国債は，償還期限（国がお金を借りる期間）によって次の4つに分けられている．一般的には，1年以内に償還される国債は短期債であり，それ以上の償還年数の国債は，長期債である．しかし，中でも償還年数が2年から5年の国債は中期債，償還年数が5年超10年以下の国債は長期債，15年・20年・30年の国債は超長期債と呼ばれている．長期債の多くは償還年数が10年の長期債であるが，戦前は，償還年数が30年以上の国債が一般的であった．

　また，国債には，調達した財源の使途によって，次の2つの種類がある．税収不足から生じる赤字を埋めるために発行される「赤字国債（特例公債）」と道路や橋などの公共事業の財源である「建設国債（4条公債，建設公債）」である．なお，建設国債は，それに関する定めが財政法4条に記されているので，4条公債とも呼ばれている．

　もちろん，国債に建設国債か赤字国債であるかが明記されているわけではない．建設国債だろうが赤字国債だろうが，証書のデザインは同じである．ただ単に国の歳出のうちの普通建設事業費（建設物の建設費用）を上回る額の国債が発行された場合に，その部分が「赤字国債」となるというだけである（この状況は事実上，建設国債を財源に建設物が作られていると考え得る状況である）．

　財政法においては，建設国債のみが発行を認められている．これは借金をして行った政府の仕事は，（後世代に返済の負担を課す可能性がある中で）ある程度長期的に国民に恩恵をもたらさねばならないという考えによるものである．これに対して赤字国債は使途に制限がないので，職員の給与などの支払いに充ててもよく，その年度のみの支出となり，後世代に何も残さない可能性が相対的に高い．

　つまり，後世代の負担を考えると，赤字国債の発行よりも建設国債の発行の方が，後世代からの不平不満が緩和される可能性を高める．なぜなら，建設国債の発行によって作られた建設物が後世に残され，後世代の人もそれを使用できる分だけ，赤字国債よりも不公平感を緩和する可能性があるからである．このような観点から，わが国の財政法では，建設国債のみ発行が認められている．それにもかかわらず，毎年，時限立法として特例法を制定し，それに従い赤字国債の発行がなされてきたのである．

２．国債の借換え制度

　国債の償還（返済）期限はすでに見たように，５年，10年等様々に定められている．例えば「10年の国債」については，発行から10年後に償還しなければならない．しかし，公共事業等により造られた固定資産の耐用年数を60年と考え償還しているので（60年償還ルール），10年目は，償還額の60分の10を現金で償還し，残りの60分の50は借換債という新たな債券を発行し，その発行によって得た財源で返済するということ（国債の借換え）をしている．借換債の発行は，当初建設国債についてのみ認められており，赤字国債は現金償還が原則であった．しかし，大量の赤字国債を一挙に，税収入で返済するのは無理なので，現在は赤字国債についても，借換債が発行され，借換えが行われている．

（リカードの等価定理）

　公債の償還にともなう増税が，将来的に実施されることを，家計が（人々

163

が）合理的に予見し，行動する場合に，公債を誰が負担することになるかを考える視点が，リカードの等価定理，およびバローの公債の中立命題である．

　以下，単純化した状況を想定し，リカードの等価定理のエッセンスを示そう．

　家計は，【第1期】【第2期（高齢期）】のみに生存し，その後は死亡するとする．

　※第2期（老後）の家計の収入が，第1期で蓄えた貯蓄のみであるケースを考えよう．

Y：第1期の所得　　　r：利子率（どの金融についても同じと仮定）

S_1：（第1期に行った）家計の貯蓄　　　D：公債発行額

G_1：政府の第1期の支出　　　G_2：政府の第2期の支出

C_1：家計の第1期の消費　　　C_2：家計の第2期の消費

T_1：第1期の租税，T_2：第2期の租税

　第1期の政府支出（G_1）の大きさ，および第2期の政府支出（G_2）の大きさ，および Y，r は，以下のケース1とケース2で同じであるとする．よって，上記の第2期では，公債償還分だけ増税（その分 T が多くとられること）となる．

ケース1（政府が財政支出を租税のみで調達するケース）

（政府）

【第1期】　租税 T_1 を支出 G_1 に投入する．　　$G_1 = T_1$

【第2期】　租税 T_2 を支出 G_2 に投入する．　　$G_2 = T_2$

（家計）

【第1期】　「所得（Y）－貯蓄（S_1）－租税（T_1）」を消費（C_1）に投入する．

　　　$C_1 = Y - S_1 - T_1$

【第2期】 「$(1+r)S_1 - T_2$」を消費 (C_2) に投入する.

$$C_2 = (1+r)S_1 - T_2$$

ケース2（政府が第1期の財政支出を国民から公債で調達し償還するケース）

（政府）

【第1期】 公債 (D) を支出 (G_1) に投入する.　　$G_1 = D$

【第2期】 租税 (T_2) を, 国債償還 $(1+r)D$ と支出 (G_2) に投入する.

● r は利子率で第2期に政府が公債を返済する際には, この利子率分も返済
する.

$$T_2 = (1+r)D + G_2$$
$$\downarrow$$
$$G_2 = T_2 - (1+r)D$$

（家計）

【第1期】 「$Y-$貯蓄 (S_1) $-D$」を消費 (C_1) に投入する.
すなわち

$$C_1 = Y - S_1 - D$$

【第2期】 「$(1+r)(S_1+D) -$租税 (T_2)」を消費 (C_2) に投入する.

$$C_2 = (1+r)(S_1+D) - T_2$$

　合理的な家計であれば, 第2期に公債の償還にともなう増税がまっていること
を, 第一期の時点でわかっていたはずである. ならば, 家計は第1期におい
て, 第2期の償還に相当するだけの貯蓄を残すだろう. 利子率 r（ここでは公
債の利回りも預貯金等の利子率も概ね等しいと仮定）を考えれば, 第1期に公
債発行 D の返済に対応する貯蓄を残すことで, 第2期の償還費 $(1-r)D$ に
相当する増税に備えることができる.

　このような家計の合理的な行動を考えるならば, ケース1の場合とケース2

の場合の，家計の消費は，不変である．

　上記のように，政府が公債で人々から収入を得た場合でも，税金によって収入を得た場合にも，家計の行動が同じになるとの考え方を，「リカードの等価定理」という．

　リカードの等価定理が成り立つ場合は，政府が公債を発行して減税をした（または増税を回避した）際に，貯蓄が増加することになって，人々の消費増加はなされず，減税による景気浮上効果が大きなものとはならない可能性もある．

　ただし，全家計が上記のように行動するとは考え難いので，公債による消費の増加が生じる可能性も考えられる．

　では，上記のケース1とケース2の状況を，さらに詳細に数式で示し，同様の前提の下では家計の行動に変化がない（等価定理がなりたつこと）を確認しよう．

　Y：第1期の所得　　　r：利子率（どの金融についても同じと仮定）

　S_1：（第1期に行った）家計の貯蓄　　　D：公債発行額

　G_1：政府の第1期の支出　　　G_2：政府の第2期の支出

　C_1：家計の第1期の消費　　　C_2：家計の第2期の消費

　T_1：第1期の租税，T_2：第2期の租税

　※第2期（老後）の家計の収入が，第1期で蓄えた貯蓄のみであるケースを
　　考えよう．

ケース1（公債に依存しないケース：政府が財政支出を租税のみで調達するケース）

政府の第1期の支出（予算制約）：$G_1 = T_1$

政府の第2期の支出（予算制約）：$G_2 = T_2$

家計の第1期の支出（予算制約）：$C_1 = Y - T_1 - S_1$

家計の第2期の支出（予算制約）：$C_2 = (1 + r)S_1 - T_2$

第1期の政府支出と第1期の家計支出の合計

$$G_1 + C_1 = T_1 + (Y - T_1 - S_1) = T_1 + Y - T_1 - S_1 = Y - S_1$$

第2期の政府支出と第2期の家計支出の合計

$$G_2 + C_2 = T_2 + \{(1 + r)S_1 - T_2\} = T_2 + (1 + r)S_1 - T_2 = (1 + r)S_1$$

最終的に見たいのは，家計の消費行動なので，
上の式，$G_1 + C_1 = Y - S_1$ と $G_2 + C_2 = (1 + r)S_1$ を，$C_1 =$ と $C_2 =$ の式に直そう.
つまり以下の式が導かれる.

$$C_1 = Y - S_1 - G_1$$
$$C_2 = (1 + r)S_1 - G_2$$

したがって，家計の第1期と第2期の消費の合計は以下である.

$$C_1 + C_2 = Y - S_1 - G_1 + \{(1 + r)S_1 - G_2\}$$
$$C_1 + C_2 = Y - S_1 - G_1 + (1 + r)S_1 - G_2$$

$$C_1 + \frac{C_2}{1 + r} = Y - S_1 - G_1 + S_1 - \frac{G_2}{1 + r} \qquad 〔A〕式$$

〔A〕式をさらに整理すると以下の式が導出される.

$$C_1 + \frac{C_2}{1 + r} = Y - G_1 - \frac{G_2}{1 + r} \qquad 〔B〕式$$

ケース 2（政府が第 1 期の財政支出を公債で調達し償還するケース）

政府の第 1 期の支出（予算制約）：$G_1 = D$　〔1〕式
政府の第 2 期の支出（予算制約）：$G_2 = T_2 - (1+r)D$　〔2〕式

$$※ T_2 = (1+r)D + G_2$$

家計の第 1 期の支出（予算制約）：$C_1 = Y - S_1 - D$　〔3〕式

$$(※ S_1 + D = Y - C_1)　〔4〕式$$

家計の第 2 期の支出（予算制約）：$C_2 = (1+r)(S_1 + D) - T_2$

第 1 期の政府支出と第 1 期の家計支出の合計

$$G_1 + C_1 = D + Y - S_1 - D = Y - S_1　〔5〕式$$

第 2 期の政府支出と第 2 期の家計支出の合計

$$G_2 + C_2 = T_2 - (1+r)D + (1+r)(S_1 + D) - T_2 = (1+r)(S_1 + D)$$
$$- (1+r)D$$

※〔4〕式，$S_1 + D = Y - C_1$より

$$G_2 + C_2 = (1+r)(Y - C_1) - (1+r)D　〔6〕式$$

最終的に見たいのは，家計の消費行動なので，上の式（〔5〕式，$G_1 + C_1 = Y - S_1$と，〔6〕式，$G_2 + C_2 = (1+r)(Y - C_1) - (1+r)D$を，$C_1 =$と$C_2 =$の式に直そう．

つまり以下の式が導かれる．

$$C_1 = Y - S_1 - G_1$$
$$C_2 = (1+r)(Y - C_1) - (1+r)D - G_2$$

168

C_1と C_2の合計，家計の2期間にわたる消費の合計は以下となる．

$$C_1 + C_2 = Y - S_1 - G_1 + (1 + r)(Y - C_1) - (1 + r)D - G_2$$

さらに式を変形して以下が導出される．

$$C_1 + \frac{C_2}{1 + r} = Y - S_1 - G_1 + Y - C_1 - D - \frac{G_2}{1 + r} \qquad 〔7〕式$$

〔3〕式 $C_1 = Y - S_1 - D$ を〔7〕式に代入すると〔10〕式が導出される．

$$C_1 + \frac{C_2}{1 + r} = Y - G_1 - \frac{G_2}{1 + r} \qquad 〔10〕式$$

$$C_2 = -(1 + r)C_1 + (1 + r)(Y - G_1) - G_2 \qquad 〔11〕式$$

さきほどの〔B〕式と同様の〔10〕式が導出される．この式を変形し，C_2 と C_1 との関係を示したのが〔11式〕である．G_1 と G_2 等は，ケース1でもケース2でも同額であるから，ケース1の場合でもケース2の場合でも，C_1 と C_2 の関係，つまり生涯予算制約は同じであり，消費者の支出行動に違いはない，と考えられる．

コラム　バローの公債の中立命題

　等価定理では，一つの世代の生涯の間に，公債発行と償還がなされる状況を考えた．公債発行時の世代と，償還時の世代が異なる場合，等価定理が成立するか否かは公債に対応する遺産が，次世代に引き継がれるか否かに大きく影響を受ける．この点を指摘したのがバローである．

　親世代において公債が発行され，親世代がそれを引き受け政府が支出をしたとする．その時，親世代は将来の増税に備え貯蓄をし，将来の増税に見合う遺産を子世代に受け渡す．これによって子世代は増税に対応するために，可処分所得と消費に変化はなく，公債の負担も生じない，といった状況も想定し得る．すなわち，世代を越えて等価定理が成立する可能性がある．（このことを公債の中立命題という）．

しかし，全家計が将来の増税を予測し，その目的で貯蓄をして遺産を残すとは考え難い中，増税に対応する貯蓄・遺産をなさなかった人々が生じる可能性はあり，将来の増税の下，公債の負担が生じて，建設国債による公債制度が不平不満を緩和する可能性はある．

3．地　方　債

(1)　地方債制度の概要

　地方債収入は，長期債務による収入である．地方財政法（昭和23法律109）5条においては，本来，地方公共団体の歳出は，地方債以外の歳入をもって，賄われなければならないとされており，非募債主義が原則とされている．しかし，その但し書において，公営事業（水道，交通，ガス事業等）に関する費用，地方債の借り換え，災害復旧事業，特定の条件を満たしている地方公共団体が行う公共事業などいくつかの目的に対してのみ，例外として起債が認められている．また，出資金，貸付金の財源としても起債が可能である．

　国の財政とともに，地方財政が巨額の財政赤字に陥った昭和51年度，52年度においては，国の特例公債と同じく，特例法に基づいた財政赤字補填のための地方債の起債も行われたが，それ以降は，地方財政法に従った目的に対して起債が行われる傾向にある．

　わが国の地方債制度は，平成17年までは地方債許可制度で発行されていた．地方債許可制度は，地方自治体が地方債を起債する際に，総務大臣または都道府県知事の許可を受けなければならないという制度で，起債許可に関しては，地方債の元利金の払込みに延滞がある自治体や，地方税の現年分の徴収率が90％未満の自治体などは起債が制限された．平成18年度から移行した地方債協議制度は地方自治体の自主性・自立性の向上を図る方向で改める趣旨で，起債する際には，総務大臣または都道府県知事と協議する制度である．協議の結果同意を得たもののみ，財政投融資の資金が借りられる制度である．協議の結果，同意を得られない場合は，地方議会に予め報告すれば起債できる．地方債許可

170

制度の下では，許可がなければ起債できなかったが，地方債協議制度の下では許可がなくても起債できる点が異なる．しかし，財政状況が一定水準以上悪化した自治体に対しては，（上記の地方債協議制度の下でも）起債が制限される（これについては「(2)　地方公共団体財政健全化法」を参照のこと）．

　地方債の主な保有者（資金の引き受け手）は，国，地方公共団体金融機構，銀行などである．

　国が引き受けるケースは，国が国債を発行して得た資金（財政投融資資金）を原資とするものなどであり，地方公共団体金融機構による引き受けは，この機構からの融資である．地方公共団体金融機構は，特に低利かつ安定した資金を必要とする地方公共団体が経営する公営企業に資金を融通する目的をもって，昭和32年に設立された政府関係機関である，公営企業金融公庫をその前身と考え得る機構である．

　民間の金融機関（市中銀行等）が引き受ける地方債には，市場公募債および銀行等引受債（縁故債）がある．市場公募債は，民間企業が発行する社債と同様に，起債市場において発行される地方債であり，発行できる団体は，財政能力の大きい一部の大都市や都道府県に限られる傾向にある．銀行等引受債は，地方銀行などで，その地方公共団体の指定金融機関等が引き受けるものである．

(2)　地方公共団体財政健全化法

　平成19年6月22日に公布され，平成21年4月1日から施行された「地方公共団体の財政の健全化に関する法律」（略称は，財政健全化法，地方公共団体財政健全化法等）は，地方公共団体の財政の健全化のために，健全性に関する比率を公表し，健全化の計画を策定（場合によっては国が介入することもある）する制度である．

　平成18年6月に北海道夕張市は，ヤミ起債（地方自治体が長期の償還期限を定めた借り入れ契約を総務大臣や都道府県知事の許可を得ずに，締結すること）による財政危機が表面化し，財政赤字が巨額（353億3,300万円）に上るこ

とから，財政再建の申請を行い，平成19年3月6日に認定された．「地方公共団体の財政の健全化に関する法律」は，第2，第3の夕張市を作らないという方針の下，早期に健全化を目指すことを念頭に策定された制度である．

　この財政健全化法は，以下のことを規定している．下記の4つ（①〜④）の健全化判断比率を決め，財政健全化へ向けた対応が必要と判断される団体には，その程度に応じて，次のような2段階の対応がなされる．

　まず，第1段階として，健全化判断比率について「早期健全化基準（①〜④の比率において注意を促す比率）」を超えている場合には，財政健全化計画を定めなければならない．なお，財政健全化計画の実施状況を踏まえ，財政の早期健全化が著しく困難であると認められる時は，総務大臣または都道府県知事が，必要な勧告をすることができる．

　第2段階として，実質赤字比率，連結実質赤字比率，実質公債費比率の，「財政再生化基準」を上回る団体は，財政再生団体に指定され，財政再生計画を定めなければならない．そして，作成した財政再生計画について，総務大臣の同意を得なければ，災害復旧事業等を除き地方債の起債ができないことになる．また，財政再生団体の財政運営が，計画に適合しないと認められる場合等においては，予算の変更等必要な措置を勧告される．

　4つの健全化判断比率とは，① 実質赤字比率，② 連結実質赤字比率，③ 実質公債費比率，④ 将来負担比率である．

　① 実質赤字比率とは，一般会計等を対象とした実質赤字額の標準財政規模に対する比率であり，これが基準を超えた場合には，赤字の早期解消を図る必要がある．

　② 連結実質赤字比率とは，一般会計等に，公営企業会計等の会計を含めた全ての会計を対象とした実質赤字額（または資金不足額）の標準財政規模に対する比率であり，基準を超えた場合には問題のある会計が，存在することになり，その会計の赤字の早期解消を図る必要がある．

　③ 実質公債費比率とは，主に一般会計等が負担する元利償還金および準元

172

利償還金と標準財政規模との相対的な関係を示す比率である．

　④　将来負担比率は，第３セクターなども加えた連結ベースで，自治体が将来的に負担する可能性のある借金の総額が，自治体本体の１年間の収入と比べてどれだけ多いかを示す指標である．

参考文献

井堀利宏『要説：日本の財政・税制〔改訂版〕』税務経理協会　平成17年
上村敏之『コンパクト財政学』新世社　平成19年
小塩隆士『コア・テキスト財政学』新世社　平成14年
菊池裕子『はじめて学ぶ財政学』税務経理協会　平成10年
財務省　財務総合政策研究所編『財政金融統計月報』（各年度予算特集）
財務省　財務総合政策研究所編『財政金融統計月報』（各年度租税特集）
総務省編『地方財政白書』各年度版
総務省編『（各年度）地方財政計画―（各年度）地方団体の歳入歳出総額の見込額―』
地方財政調査研究会編『令和４年度　地方公共団体財政健全化制度のあらまし』地方財務協会　令和４年
西村紀三郎『財政学新論（第３増補版）』税務経理協会　平成６年
速水昇・小田幹雄編著『公共部門の経済活動と租税』学文社　平成19年
畑農鋭矢・林正義・吉田浩『財政学をつかむ』有斐閣　平成22年
速水昇・和田尚久・水野恵子編著『公共経済と租税』学文社　平成22年
廣光俊昭編著『図説　日本の財政（令和３年度版）』財経詳報社　令和３年
藤井大輔・木原大策『図説　日本の税制（令和２-３年度版）』財経詳報社　令和４年
矢野浩一郎『地方税財政制度（第８次改訂版）』学陽書房　平成21年
米原淳七郎『はじめての財政学』有斐閣ブックス　平成９年

Chapter6 財政政策—経済の安定と乗数—

◖◖◖第１節　景気変動と乗数効果◗◗◗

　財政は，歳入と歳出を変動させることによって，景気を安定させるように努めている．これを財政政策による景気対策（景気政策）という．ここでは，不況下での短期的な景気対策を考えることにする．

　最初に，「景気が良い状態」と「景気が悪い状態」について，理解を進めよう．ここでは，様々に指摘され得る「景気が良い状況」と「景気が悪い状況」を，要約的に初心者向けに示そう．

　　景気が良い状態（＝好景気，好況ともいう）
　　景気が悪い状態（＝不景気，不況ともいう）

景気が良い状態：

景気が良いと，様々なものを作って売る企業の財やサービスが，良く売れるので，たくさんの利益を得ることができる．それに応じて，働く人に給料やボーナス等を支払うことができる．お金をもらった人は，さらに財やサービスを買う．さらに財やサービスが売れるので，企業は，働く人をより多く雇おうとする．この状況では，たくさんの人が雇われて給料やボーナスをもらうので，さ

らに財やサービスを買う．これが国内全般について生じている状況が景気の良
い状態である．

景気が悪い状態：

景気の良い状態の逆だから，以下のようになる．景気が悪いので様々なものを
作って売る企業の財やサービスが，売れなくなる．だから，企業の利益が減少
する．それに応じて働く人の給料やボーナス等を，支払うことができなくなる．
また，売れなくなっている状況だから，財やサービスを作って売る企業は，そ
れに応じて，財やサービスの生産を縮小するので，働く人があまり必要ではな
くなって，解雇される人が増える．この状況は，失業状態の人が増えて，多く
の人が，給料やボーナスをもらえなくなるので，さらに財やサービスが売れな
くなる状態である．これが国内全般に生じている状況が景気の悪い状態である．

　なお，このような「景気が良い状態」と「景気が悪い状態」は，以下のよう
な特徴をもっている．「景気の良い状態」では，人々の間で，行ったり来たり
する，財やサービスとお金（貨幣）の量が多い（したがって，「GDP：国民の
利益のことで，１年間に国内で生み出される付加価値の合計」が大きい）状況
となり，逆に「景気が悪い状態」では，人々の間で行ったり来たりする財や
サービスと貨幣の量が少ない（したがって，GDP が小さい）状況となるので
ある．

　そこで，GDP を大きくするために（つまり景気の悪い状態を良い状態にす
るために）政府の歳入と歳出はどうあるべきであろうか．まずは，どのような
状況となれば GDP が増加するか，について考察しよう．

　考えられる一つのケースとして，人々が貯蓄をしないで，あるいは今まで貯
蓄したものを取り崩して，企業が生産（販売）するものをたくさん「購入（需
要）」することである．言い換えると，人々がお金を使って，企業への注文
（需要）を増やすことである．不況下では，需要さえ増えれば，どの企業も，

労働，資本ともに十分にあり，供給能力が高く，生産（販売）量を増やすことができる可能性がある，すなわち，より大きな付加価値（利益）を得ることができる可能性がある．また，そのような状況となれば，企業も工場を増やしたり，機械設備を増強したりして，様々なものを購入する．つまり，これによっても様々な企業の生産物が売れて，様々な企業の付加価値が増える．その結果，景気が良くなるのである（なお，不況下では，金融機関による民間の会社等への融資が活発に行われない可能性がある点にも留意が必要であろう．つまり，不況下では，金融機関を通じて貯蓄が有効に活用されない傾向となり得るのである）．

　通常は，商品1単位当たりが販売されるたびに付加価値をより多く得られるように各商品の価格が定められているので，たくさん生産し販売すれば，企業の得る付加価値も増える．つまり人々が貯蓄を取り崩し，企業の財やサービスを購入するならば，貯蓄されて使われていなかったお金が企業に移動し，企業が得る付加価値が増え，企業で働く人の給与等が増えることになる．

　このような状況をもたらすために，政府の歳入と歳出の在り方が，一定の役割を果たす．つまり政府が貯蓄を取り崩して企業の財やサービスをより多く購入（需要）したりすることが，短期的には有効となる可能性がある．以下で，その点（貯蓄を取り崩す具体的な状況）を説明していこう．

① 増税をせずに歳出を増やす

　政府が歳出を増やして以前より多くの財・サービスを購入する（需要を増やす）ならば，それによっても企業の生産量は増えて GDP は増加する．しかし一方で歳出が増えた分，収入がたりなくなったからといって，増税をしてしまったならば，その分，政府以外の人々による需要が減ってしまうので，せっかく政府が歳出を増やし，需要を増加させても成果が相殺されてしまう可能性があるから，一国全体で考えた場合の付加価値の大きな増加は期待できない．

176

② 歳出を減らさずに減税をする

　例えば，所得税の減税を考えてみよう．所得税の税率を減らせば，人々の手元に残る所得は増えることになる．当然所得が増えれば，人々は減税される以前よりも多くのものを購入することができるので，需要が増える可能性がある．しかし，その場合でも，主要な収入である所得税収入が，減税したために減ってしまったからといって，政府が歳出を減らしたならば，政府による購入が減ってしまうので，一国全体としての大きな需要創出効果は期待できない．

　上記のように国民所得（国民の給与等の利益）を大きくするために，② 歳出を減らさずに減税をする場合でも，① 増税をせずに歳出を増やす場合でも，その財源を得るために，政府は借金をする必要がある．政府の貯蓄がまったくないというわけではないが，現実に政府には，十分な景気政策（歳出を減らさずに減税したり，増税せずに歳出を増やすこと）をするための，自由に取り崩せる貯蓄がいかなる場合でも十分にあるわけではない．したがって政府が，上記のような景気政策を行う場合には，借金をして（つまり公債を発行し，銀行等からお金を借りて），行わなければならない事態が生じ得る．これはすなわち，国民の貯蓄が政府の支出として支出されることを意味する．なぜなら，銀行等金融機関にあるお金というのは，つまりは国民が貯蓄したものだからである．

　例えば，減税によって不況を好況へ近づけるということを行った時，うまくいけば図6-1のようになる．

　図6-1では，景気回復のシナリオ（うまくいったケース）が示されているわけだが，そこには，以下のような利益増加の波及過程が存在している．この波及過程を乗数効果という．

　すなわち，ある企業への注文が増え，それにより，その「ある企業」の利益（端的に言えばもうけ）が増えるとともに，その企業で働く人の給与等が増える．その結果，その増えた給料で人々がさらに買い物を増やすから，ここで言

政府が借金をして，今までの歳出を維持して，減税する

国に納める税金が減るのでみんなの手もとに残るお金が増える．

　増えた手もとのお金を人々が消費に向け，いつもよりたくさんものが売れるようになり，商品をつくったり売ったりする人が新たに必要となる（失業者が減る）．

　人々が消費を増やした分さらに，いろいろな企業の利益が増えていき，それにつれて人々の収入（給料やボーナス）が上がっていく．

　そのようにして収入が増えた分を，さらに人々が消費に向けて，その結果，さらにいろいろな企業やそこで働く人々の利益が増える．このような過程が繰り返される．

景気がどんどん良くなっていく．

　景気が良くなると企業の利益が増え，個人の収入も増え，会社や個人の所得（利益）にかかる税金収入も以前より増えるし，ものが売れるようになるので，間接税収入も以前より増える．

国に入ってくる税金が，減税した分よりもたくさん入ってくることになる．

図 6 - 1

う「ある企業」以外の，別の企業の「付加価値（利益のことで，企業の構成員の給料等になる）」も増える．そして，同様の過程が繰り返されることとなる．このような波及プロセスが生じるのである．

　続いて，上記のような乗数効果が国民所得にどのように作用して，国民所得を増加させるかを，政府支出が増大したケースについて詳細に見ていき，その

178

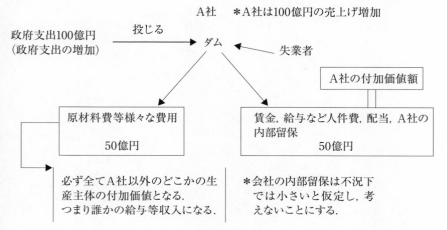

図 6 - 2

効果を数式で表現していこう.

　ここでは，単純化のために，貿易をしていない閉鎖経済を念頭に置こう. 不況下にある貿易のない世界で，さらに在庫が一定に保たれる状況の下では，図6 - 2のように，A社が他社に支払った原材料費等は他社において，その会社の付加価値と，この会社が他の会社に支払う費用とに振り分けられる. この過程がずっと続き，支出された100億円は，結局はどこかの企業の付加価値（だれかの給与等）になる.

　つまり，政府が支出した100億円のうちの50億円は（ここでの想定においては），すぐにA社社員の所得等となり，残りの，A社が購入した原材料など，ダム建設に必要なものの購入費50億円は，A社に原材料などを供給した会社の売上げなど収益増加となる. この売上げなど収益の増加によって各社が得た収入は，また，必ず，その売上げ，収益の増加に対応した生産をするための人件費等と原材料等購入費に充てられる. この過程が続き，A社が支出した50億円は，おおむね人件費等の付加価値の増加となる傾向と考えられる.

　以上の原理が，図6 - 3にて説明されている. A社によって支出された50億

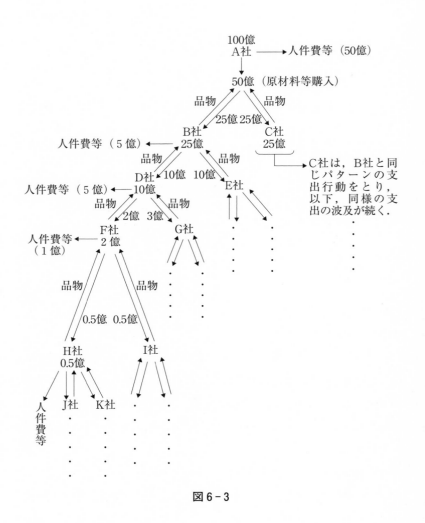

図 6 - 3

円は，この支出に関して注文を受けた各社において，人件費等と原材料費等の購入にあてられ，人々の所得となっていく．

　上記のことを理解する上で，以下の点を認識することが有効である．

- 各社が総収入を「人件費等」と「自らが商品を販売し利益を得ていく上で有用なものの購入（原材料費等々）」にいくらずつを割り振るかは，現実には，

180

会社によって様々に異なる．しかし，A社が支出した50億円が，最終的に誰かの給料等の増加となるという点は，その割り振る割合がどのようであっても変わらない．

• 各社が「自らが商品を販売し利益を得ていく上で有用なものの購入」をする相手が，ここでは，2社であるという前提で，話を単純化しているが，現実には相当に多数の会社から購入している．しかし，購入先がいくつであっても，ここで想定したように，売上げなど収益が付加価値と原材料費等に振り分けて支出される限り，A社が支出した50億円が，最終的に誰かの給料等の付加価値の増加となるという結論は変わらない．

　さらに以下の点にも留意してほしい．図6-3の末端の企業，例えばI社の売上げが小さいことを気にする必要はない．I社が取引をしている会社は，図6-3に出てきた会社以外にもたくさんあるのである．I社が，A社から派生した取引のみで運営されるわけではない．通常，どの会社も，たくさんの会社と取引をしている．それが普通である．

　この点を念頭に置くならば，さらに次のように考えることができる．各社においては，毎期において，「売上げとして入ってきた収入をいかに使うか」が，パターン化されていることも多い．おのずと，その売上げの何パーセントを原材料等の費用に充てなければならないかは決まってくるし，何パーセントくらいを社員の給料に充てるかも，経営方針とともに決められていることもある．この場合，売上げの増加が生じたならば，その増加部分も，自動的に一定割合だけ給料等の増加に向けられることになる．例えば，売上げの増加があろうともなかろうとも，その期の総売上げの半分が，原材料費等費用へ支出され，半分が人件費等（給料等）となる会社ならば，売上げの増加があった場合，当然にその増加分も，半分が，原材料費等費用へ支出され，半分が人件費等（給料等）となる．（原材料費等と人件費への配分は会社，業種によって様々だが），傾向としては，このようなパターンが見られる．いずれにせよ，売上げが増え，つまりより多くを生産する限り，原材料費等が必要となることから，売上げが

原材料費，人件費に支出される傾向となる．

　以上の前提に従い，さらに他の状況に変動がないとの仮定の下では，増加し
た政府支出100億円は，Ａ社をはじめ，各社の人件費等に振り分けられ，国内
の誰かの給料等の増加となる．

　では，政府支出の増加が生み出した，100億円の国民の給料等（＝国民所得，
あるいは GDP の増加）の，さらなる行方を追ってみよう（そのことによって，
理解を得て，乗数効果を数式で表すことが可能となる）．

　一般に，100億円の給与等の増加は，消費にまわるか，貯蓄にまわされるか
のどちらかであろう．例えば，100億円のうち，80億円が消費へまわされたと
考えてみよう．

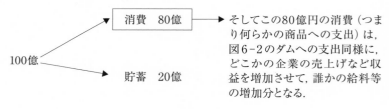

図 6 - 4

　さらにここでは，人々が増加した収入を消費と貯蓄に振り分けた結果，一国
全体としては，消費と貯蓄の比率が常に８対２となると仮定しよう．つまり一
国全体で増加した収入の総額が消費に振り分けられる割合は，常に一国全体で
増加した収入の総額の８割となると考えるのである．

　このように，一国全体で増加した収入の総額が消費に振り分けられる割合が
常に一定である状況を限界消費性向が一定であるという．ここでは消費に振り
分けられる割合が常に８割であるから，限界消費性向が0.8で常に一定である
ということになる．この前提の下で議論を進めよう．

　限界消費性向が0.8で常に一定である状況では，100億円の収入の増加が80億

円の消費と，20億円の貯蓄に振り分けられ，80億円の消費が，すでに見てきた
パターン（政府が支出した100億円が国民の所得になったのと同じパターン）
で，また誰かの給与等の収入増加分となり（図6-4），その80億円の収入の増
加が，その8割である64億円の消費と16億円の貯蓄に振り分けられるといった
過程が，いくどとなく繰り返されていくことになる．つまり，図6-5のよう
に消費とそれに伴って生じる給与等の収入の増加が波及していくことになる．
この波及状況が乗数効果である．

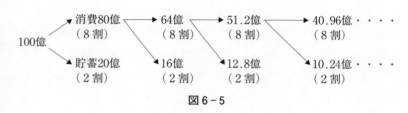

図6-5

　なお，限界消費性向が0.8で常に一定という前提，言い換えると一国全体で
増加した所得の総額が消費に振り分けられる割合が0.8で常に一定という前提
が，必ずしも現実を的確に表現しているとはもちろんのこと言えない．しかし，
どの時点でも一国全体で増加した所得の総額が消費に振り分けられる割合が一
定である，という傾向は，現実にも十分に起こり得る状況である．特に日本人
の場合には，給与等の収入が増えた場合，定められた一定率を必ず貯蓄しよう
と考える人が少なからずいる．もしもそのように，各人が所得を得た時に，所
得を消費と貯蓄に振り分ける割合を一定に保つならば，各人の振り分けの割合
は様々に異なれど，一国全体の限界消費性向は一定に保たれることになる（こ
の扱いに関しては，次節の数式モデルを参照されたい）．

　そこで上記の消費額の増加（つまり給与等国民の収入額の増加）の合計額を
計算してみよう．すなわち，以下の計算を行うことになる．

$$100 + 100 \times 0.8 + (100 \times 0.8) \times 0.8 + ((100 \times 0.8) \times 0.8) \times 0.8 + \cdots = ?$$

つまり

$$100 + 100 \times 0.8 + 100 \times 0.8^2 + 100 \times 0.8^3 + \cdot \cdot \cdot = ?$$

この計算は，初項100，公比が0.8の等比数列の和を求める公式

初項 $\times \dfrac{1}{1-公比}$ に，当てはめて計算することができる．

計算をしてみると，$100 \times \dfrac{1}{1-0.8} = 500$ となる．

　つまり最終的には政府支出100億円の5倍の500億円の消費の増加と給与等の国民の所得額の増加が得られることになる．国民の所得額の増加とはまさに付加価値の増加であり，GDP の増加である．この場合の乗数は5であるので，100億円の政府支出の増加が500億円の GDP の増加をもたらすという計算になる．

　しかし，残念なことに，すでに示唆しているとおり，特に不況下では，一国全体で増加した収入の総額が消費に振り分けられる割合が8割もの大きな割合となる可能性は高くはない．

　例えば消費に振り分けられる割合が5割（0.5）の場合を想定し，100億円の政府支出の増加がもたらす GDP の増加を計算してみよう．

　同様の公式を用いて，計算すると $100 \times \dfrac{1}{1-0.5} = 200$ となり，100億円の政府支出の増加が200億円の GDP の増加しかもたらさないことになる．

　現実に，戦後最大の不況である平成不況の下での10年間，財政による乗数効果を期待した景気対策（公共事業の増加）による成果はほとんど生じていない，との判断が支配的である．

　すでに見た単純化された式から，乗数効果が生じなかった要因が「限界消費性向が低い状況が続いたこと，簡単にいうと，人々が財布の紐を締め，収入が増えてもそれを消費せず貯蓄したこと」にある可能性を理解することができる．この点が乗数効果が発揮されなかった主因の一つとの判断が支配的である．

◉◉●第2節　政府支出乗数と租税乗数，均衡予算乗数◉◉●

　ここでは，政府支出，租税の変化が国民所得に与える影響を，数式モデルを用いて考えよう．最初に，前節で導いた乗数（政府支出乗数）を，それを導出した際の前提条件を再び念頭に置いて求め，そこから，さらに租税乗数，均衡予算乗数を求めよう．

　まず，閉鎖経済における政府支出を考慮した場合の国内の総需要を，次のように仮定しよう．

　　　総需要（Y）＝$C+I+G$　　　〔1式〕

　ここで，Yは1年間の一国における財・サービスの購入額の総額（＝総需要）で，Cは1年間の一国で生じた民間による消費総額で，Iは1年間の一国で生じた民間による建築物建設等の投資総額，Gは1年間の一国で生じた政府による支出総額である．

　この時，貿易を行っていない状況，および在庫が一定に保たれること（つまり，各生産者が意図して準備している在庫量が一定に保たれる状況）を前提とすると1年間の一国における財・サービスの購入額の総額（＝総需要）だけ，国内で生産がなされたと考えることができる．

　この時，Y（総需要）の中の政府支出Gが増加したならば（これをΔGと示す），増加したGとYの間に，どのような関係が成り立つかをさらに考察していこう．

　ここで，Cを次のように定義しておこう．つまり$C=a+b(Y-T)$である．租税収入Tは，国民所得Yとは独立に決定され，人々の所得を減らし，その後の所得の一定割合bにaを加えたものがCである．

　この時，aは，収入がなくても生じる消費額である．つまりもしも，ある国の1年間において，だれも給料等所得をもらわなかったとしても，必ず生きる

ために必要な一定額の消費があると考えられ，a は，その消費額である．

$b(Y-T)$ における b は限界消費性向で，bY は，Y（一国の所得の合計）が大きくなればなるほどそれに比例して増えて，小さくなればなるほど，それに比例して減る，といった形で，Y の大きさに応じて変化する消費部分である．

それでは，以上の前提の下で，ある一定の期間において，

$$C = a + b(Y-T) \qquad 〔2式〕$$

という関係が成り立っているときに，その期間において，G が ΔG だけ増えたなら，Y（国民所得）はどれだけ増えるかを考えてみよう．

まず，〔1式〕の $Y = C + I + G$ の C に，$C = a + b(Y-T)$ を代入すると，

$Y = a + b(Y-T) + I + G$

$Y = a + bY - bT + I + G$　となるので，これを Y で整理すると

$Y - bY = a - bT + I + G$

$Y(1-b) = a - bT + I + G$　となるので，両辺を $1-b$ で割ると

$$Y = \frac{1}{1-b}(a - bT + I + G) \qquad 〔3式〕となる．$$

この時，G が ΔG だけ増加したときの国民所得を Y' とすると，

$$Y' = \frac{1}{1-b}(a - bT + I + G + \Delta G) \qquad 〔4式〕となる．$$

国民所得の増加分（$Y'-Y$）すなわち ΔY は〔4式〕から〔3式〕を引くことによって求められるので，

$$Y' - Y = \frac{a - bT + I + G + \Delta G - a + bT - I - G}{1-b}$$

$$\Delta Y = \frac{1}{1-b}\Delta G \qquad 〔5式〕が求められる．これはまさに前節で求めた式である．$$

　つまり，ΔG だけの G の増加が，$\dfrac{1}{1-b}$ 倍の Y の増加（ΔY）を生むことがわかる．

　一方，政府支出を一定として，租税収入が ΔT 変化した場合の国民所得を Y'' とすれば，

$$Y'' = \frac{1}{1-b}\{a - b(T + \Delta T) + I + G\} \qquad 〔6式〕$$

となり，国民所得の変化分は〔6式〕から〔3式〕を引くことによって求められるので，

$$Y'' - Y = \frac{a - bT - b\Delta T + I + G - a + bT - I - G}{1-b}$$

$$\Delta Y = -\frac{b}{1-b}\Delta T \qquad 〔7式〕が求められる．$$

　すなわち，租税の変化分 ΔT と国民所得の変化分 ΔY との間には $\dfrac{b}{1-b}$ という乗数公式が成り立ち，これを租税乗数と呼んでいる．

　ではさらに，次のようなケースを考えよう．現在のわが国のように，国債残高が増加している中で，赤字財政に対する批判が高まる状況においては，政府支出を増加させるための財源として，国債を発行して集めた財源ではなく，増税をして集めた財源を用いなければならない場合もあろう．その場合の国民所得への影響はいかなるものであろうか．

　すでに説明したように，政府が支出を増加することによって，その支出の $\dfrac{1}{1-b}$ 倍の国民所得の増加が見られる．そして，この時に，政府支出の増加分だけ増税を行ったならば，その増税額の $\dfrac{b}{1-b}$ 倍の国民所得が減少する．したがって予算を均衡させたまま，政府支出を増加させた場合（つまり $\Delta G = \Delta T$）の国民所得に与える効果は，

$$\Delta Y = \frac{1}{1-b}\Delta G - \frac{b}{1-b}\Delta T = \left(\frac{1-b}{1-b}\right)\Delta G = \Delta G\ （または \Delta T）$$

となる．すなわち，政府支出の増加を増税で賄った場合の，国民所得の増加は，

政府支出の増加額の1倍であることがわかる．この結果を均衡予算乗数と呼び，均衡予算乗数は1であると称する．

　以上，政府支出乗数，租税乗数，均衡予算乗数という3つの乗数を見てきた．均衡予算乗数が示しているように，政府支出の増加が，同額の増税を伴う均衡予算であったとしても，国民所得は増加する．しかしこのことは，いかなる場合でも均衡予算乗数が妥当であることを意味するわけではない．均衡予算を好況期において続けるならば，景気をますます過熱させることになる．つまり，好況期に税収入が増加する中で，均衡予算を続けるならば，均衡予算乗数ゆえに，国民所得がさらに増加し，景気過熱が進みインフレになる可能性がある．逆に不況期に，均衡予算を続けるならば，税収入の減少とともに，財政支出が減るため，景気を悪化させる可能性がある．
　この点から考えると，不況期での公債発行による財政支出の増加は，国民所得水準を増大させるという意味では，役割を担う可能性がある．しかしながら，公債発行による政府支出の拡大は，需要を増大させ，国民所得を増大させる機能を担う一方で，民間の資金需給を逼迫させて，民間投資の抑制を発生させるという問題を生み得る．つまり，公債発行によって，政府が，財政資金を（日本銀行引き受けではなく）金融市場から調達する時，金融市場から資金が吸い上げられ，その結果，民間企業等へ貸し出す資金の不足，利子率の上昇がもたらされ，民間投資や消費支出が抑制される（これをクラウディング・アウト効果という）可能性もあるのである（第6節も参照）．

◖◖◖第3節　開放経済における乗数◗◗◗

　これまでは，貿易をしていない閉鎖経済を想定して，乗数効果を考えてきた．ここでは，貿易を考慮した開放経済での乗数効果を考えよう．
　貿易を考えた場合，総需要は，国内消費（C），国内投資（I），政府支出（G），

輸出（X），輸入（M）からなる.

　前節と同様の前提条件の下では，国民経済における総需要と総供給（Y）が一致する水準に国民所得が決定されるので，

$$Y = C + I + G + X - M \qquad 〔1式〕$$

となる．なお，輸入 M は，国内で生産された（供給された）財・サービスを購入するという需要ではないので，符号がマイナスとなる点に注意が必要である．また，消費は，前節と同様に，

$$C = a + b(Y - T) \qquad 〔2式〕$$

となると考えよう．また，輸出は，政府支出と同様に，国民所得から独立である（国民所得とは無関係に決まる）と考え，輸入は消費と同様に，国民所得と無関係に決定される部分（独立輸入）と国民所得の増加関数となる部分からなると考えよう．すなわち，

$$M = M_0 + mY \qquad 〔3式〕$$

となる．ここで，M_0 は独立輸入で，m は限界輸入性向 $\dfrac{\Delta M}{\Delta Y}$ を表している．そこで，〔2式〕〔3式〕を〔1式〕に代入して整理すると次の式が得られる.

$$Y = \frac{1}{1 - b + m}(a - bT + I + G + X - M_0) \qquad 〔4式〕$$

　ここで，他の条件が一定で変化しない中で，ΔG の政府支出の増加が行われた場合の Y' は，

$$Y' = \frac{1}{1 - b + m}(a - bT + I + G + \Delta G + X - M_0) \qquad 〔5式〕$$

となる．この時，国民所得の増加分（ΔY）は，〔5式〕から〔4式〕を差し引いたものとなる．計算すると，

$$\Delta Y = \frac{1}{1-b+m} \Delta G \qquad 〔6式〕$$

が求められる．すなわち，ここでの前提の下では，ΔG が $\frac{1}{1-b+m}$ 倍の ΔY を生むのである．前節で見た，閉鎖経済における政府支出乗数は，$\frac{1}{1-b}$ であったので，これを開放経済の場合と比べると，開放経済の方が，m だけ分母が大きい分，閉鎖経済の方が，大きい乗数効果が生まれることがわかる．これは，増加した国民所得の一部が輸入品の消費増となって海外に流出することを示している．

　続いて，他の条件が一定で変化がない状況で，今度は，輸出 X が自発的に増加した場合を考えよう．X の増加分を ΔX として，この時の国民所得を Y'' とすれば，

$$Y'' = \frac{1}{1-b+m}(a-bT+I+G+X+\Delta X-M_0) \qquad 〔7式〕$$

となり，国民所得の増加分 ΔY は，〔7式〕から〔4式〕を差し引くことによって得られる．すなわち，

$$\Delta Y = \frac{1}{1-b+m} \Delta X \qquad 〔8式〕である．$$

　つまり，X の増加は，$\frac{1}{1-b+m}$ 倍の国民所得の増加をもたらすことになる．そしてこの時の乗数を外国貿易乗数という．

　以上のことから，一定の条件の下，政府支出が増加した場合でも，輸出が増加した場合でも，国民所得は同じ乗数倍だけ増加し，国民所得に与える影響が等しいことがわかる．しかし両者の影響は，国民所得に与える効果は同じでも，貿易収支に対しては異なるものとなる．

　今，同様の前提の下で，政府支出が増加し，輸出が一定の場合を考えてみよう．貿易収支（B）は，$B=X-M$ で，その変化分は $\Delta B = \Delta X - \Delta M$ である．輸入は，すでに〔3式〕によって $M = M_0 + mY$ と想定されているから，輸入の増加は，

$$\Delta M = m \Delta Y \qquad 〔9式〕$$

である．つまり，Y（国民所得）が増加すると輸入が増加するのである．そこで，〔9式〕のΔYに政府支出が増加するときのYの増加を示す〔6式〕を代入すると，

$$\Delta M = \frac{m}{1-b+m} \Delta G \qquad 〔10式〕$$

が得られる．ここでは，輸出は一定である場合を考えているので，$\Delta X = 0$となり，貿易収支（ΔB）は，

$$\Delta B = \Delta X - \Delta M = 0 - \frac{m}{1-b+m} \Delta G \qquad 〔11式〕$$

となり，$\Delta B = -\dfrac{m}{1-b+m} \Delta G$　　　〔12式〕の額だけ赤字となる．

　このことから示唆されるように，政府支出の増加などによって，国民所得が増加すると，輸入が増加して貿易収支が変動し得る．かつて日本が大幅な貿易黒字を続けてきた中で，G7から，その改善のために，内需拡大策（政府支出の増加や減税等）が要請されてきたのは，前記のような理論的な結論に基づくものである．しかし，内需拡大策が現実にどのくらい貿易収支に影響を与えるかは，状況の変化を，前記のような前提の範囲内に限定した状況でも，さらに限界輸入性向等の大きさによって変化する．したがって，必ずしも内需拡大策が貿易収支の変動に影響を与えるとは限らない．

●●●第4節　限界税率を考慮した乗数効果●●●

　まずは海外部門を捨象した場合の乗数を考えよう．海外部門を捨象した場合の総需要は，民間消費（C）と民間投資（I）および政府支出（G）から構成されるので，「均衡国民所得の決定条件」は，〔1式〕で表せる．しかし実際，税

金の多くについては税率が決められていて所得や売上数量に比例して収入額が変動する性質をもっている.

$$Y（国民所得）= C + I + G \qquad 〔1式〕$$

実際に, 日本では, 主な所得への課税税目である所得税が累進税率によって課税されているので, 所得の変化分（ΔY）に対する税収入の変化分（ΔT）の比率である限界税率（$\frac{\Delta T}{\Delta Y}$）を t とすると, 租税関数は $T + tY$ となる. ここで T は独立的税収入である. このとき, 可処分所得は, $Y - (T + tY) = Y(1 - t) - T$ となるから, 消費関数は次の〔2式〕で表される.

※ $Y - (T + tY) = Y - T - tY = Y - tY - T = Y(1 - t) - T$

$$C = a + b \{ Y(1 - t) - T \} \qquad 〔2式〕$$

a：基礎的消費で, たとえ所得がない場合でも生命維持のために最低限支出される消費である.

b：限界消費性向で, 所得の変化分（ΔY）に対する消費の変化分（ΔC）の比率（$\frac{\Delta C}{\Delta Y}$）を示している.

ここで, 〔2式〕を〔1式〕に代入して Y について整理すれば, 以下の〔3式〕が得られる.

$$Y = \frac{1}{1 - b(1 - t)}(a - bT + I + G) \qquad 〔3式〕$$

今, 政府支出（G）が ΔG だけ増加したとしよう. その時, Y は,〔4式〕の Y' となる.

$$Y' = \frac{1}{1 - b(1 - t)}(a - bT + I + G + \Delta G) \qquad 〔4式〕$$

ΔG だけ政府支出が増加した場合の国民所得の増加は,〔4式〕から〔3式〕を引くことによって求められる. つまり, 以下の式が求められる.

$$Y' - Y = \frac{1}{1 - b(1 - t)} \Delta G$$

すなわち，政府支出の変化分 ΔG と国民所得の変化分 ΔY との間には，$\frac{1}{1 - b(1 - t)}$ という乗数公式が成り立つことがわかる．これが「（所得の一定割合が税となる場合の）政府支出乗数」である．

さらに，今，租税（T）が ΔT だけ増加したと考えよう．その時，Y は，〔5式〕の Y'' となる．

$$Y'' = \frac{1}{1 - b(1 - t)} \{a - b(T + \Delta T) + I + G\} \qquad 〔5式〕$$

ΔT だけ税が増加した場合の国民所得の増加は，〔5式〕から〔3式〕を引くことによって求められる．つまり，以下の式が求められる．

$$Y'' - Y = -\frac{b}{1 - b(1 - t)} \Delta T$$

すなわち，税の変化分 ΔT と国民所得の変化分 ΔY との間には，$\frac{b}{1 - b(1 - t)}$ という乗数公式が成り立つことがわかる．これが「（所得の一定割合が税となる場合の）租税乗数」である．

以上のような乗数公式により，経済が不況の時には，政府支出を増加させたり，減税を行うことによって，各々の乗数倍の国民所得を増加させることができるので，総需要管理政策としての財政政策は有効であると言える．ただし，景気対策として政府支出の増加と減税のどちらか一方を選択しなければならないときは，（※b は1よりも小さいゆえ）政府支出乗数の方が租税乗数よりも大きい（$\frac{1}{1 - b(1 - t)} > \frac{b}{1 - b(1 - t)}$）ので，政府支出の増加を選択した方が良いと言える．

なお，貿易が行われている状況と所得の一定割合が税として徴収されている状況の双方を国民所得の均衡式に反映すると以下のようになる．

$$Y\,(\text{国民所得}) = a + b\,\{(1-t)\,Y - T\} + I + G + X - (M_0 + mY)$$

この式を，$Y=$ の形に整理すると以下の式が求められる.

$$Y = \frac{1}{1 - b\,(1-t) + m}\,(a - bT + I + G + X - M_0) \qquad 〔6式〕$$

G が ΔG だけ増加した時の Y は以下である.

$$Y = \frac{1}{1 - b\,(1-t) + m}\,(a - bT + I + G + \Delta G + X - M_0) \qquad 〔7式〕$$

ΔG が Y に与える影響（ΔY）は，〔7式〕から〔6式〕を引くことで示すことができる.

ΔG が Y に与える影響（ΔY）は，以下の式で表される.

$$\Delta Y = \frac{1}{1 - b\,(1-t) + m}\,\Delta G$$

●●●第5節　自動安定化装置●●●

　上記で見たような財政による裁量的な政策に頼らなくても，財政のしくみそのものに経済の安定をもたらす機能がある．これを財政の自動安定化装置（ビルト・イン・スタビライザー）という.

　財政収支の基本的な方向として，次のような傾向を指摘することができる．すなわち，景気上昇期に，収入面では，所得税などの税収全体の増加が目立ち，支出面では，失業手当などの移転支出が減少し，黒字の方向へと向かう．これに対して，景気下降期には，所得税をはじめとした税収入全体が減少し，一方の支出面では，失業手当などの移転支出が増加し，赤字の方向へと向かう.

　この時，経済の安定へ向けて次のような機能が発揮される．所得税は累進税であり，極めて強い安定化機能を発揮する．累進税の税率は，景気上昇期に，所得が増える人が多くなると，それに応じて，所得が増えた人々に適用される

税率自体が増加し，逆に景気下降期に，所得が減少する人が増える状況に際し，その所得の減少に応じて，所得が減少した人々に適用される税率自体が減少する仕組みである．すなわち，景気が良くなると税負担が増え，景気が悪くなると税負担が減る傾向が明確なのである．

　一方，支出面における，失業手当は，景気上昇期には減少し，景気下降期には増加して，失業者の救済へと充てられる仕組みとなっている．

　このように，財政収支を通じて，景気を自動的に安定させる，財政の機能が自動安定化装置（ビルト・イン・スタビライザー）である．

　ただし，安定化機能が効果を発揮するためには，次のような条件を備えていなければならない．第1に租税依存度の高い大規模予算が組まれていること，第2に所得弾力性の高い租税の収入構造と源泉徴収制度が行われていること，第3に社会保障に関する移転支出が相当高い比重を占める予算であること，などである．これらを満足させる主な具体的要素が，既述の所得税，雇用保険制度（失業手当）である．所得税は累進税で源泉徴収方式が中心であり，雇用保険制度は制度において，失業時に税財源を投入し給付を受けることが定められているしくみである．

　しかし，自動安定化装置が，ある程度の意義をもつことは認めなければならないが，同時にこれだけに依存しようとする財政政策には限界があることもあわせて考える必要がある．

　まず，以下の点がある．安定化装置の安定化機能を高めようとした結果，経済成長を阻害してしまう可能性があり，中長期的にデメリットが大きくなる可能性がある．というのは，自動安定化装置の中心は租税によって担われており，安定効果を高めるためには，課税水準の引上げと，所得変化に対する税収変化額の感受性上昇（例えば，所得税税率の累進性強化）を進める必要がある．しかし，これらの措置は投資意欲を阻害する．

　上記に加え，自動安定化効果が，常に望ましい方向に作用するとは限らないという点がある．例えば，不況からの回復が始まった際に，所得税の自動安定

化機能が発揮され，所得上昇の一部が税収増となり可処分所得の減少を導き，景気回復が抑制されがちとなることのデメリットが大きい場合もある．

　その場合は，なんらかの補完措置がとられることになる．

　また，深刻な不況，景気過熱による激しいインフレーションに対しては，自動安定化装置のみでは対抗することができない場合も多い．

　これらのことから自動安定化装置は，完全に経済変動を吸収するものではなく，裁量的な財政政策を補完するものであるといえる．

　上記のように，ビルト・イン・スタビライザーとは，財政収支それ自体が，所得水準の変動に影響を受け，それにより財政が景気変動を自動的に安定するように機能する理論である．ここで，ビルト・イン・スタビライザーの効果の一端について検討してみよう．

　租税が国民所得の変化に即すように均衡式に組み込まれていない場合には，民間投資による乗数効果は以下のようになる．（各種記号は，すでに本章で用いられたものと同様の意味である）．

$$\Delta Y_0 = \frac{1}{1-b} \Delta I$$

　租税が国民所得の変化に即すように均衡式に組み込まれている場合には，民間投資による乗数効果は以下のようになる．

$$\Delta Y_1 = \frac{1}{1-b(1-t)} \Delta I$$

　この時，税収入が国民所得の変動とともに変動し，国民所得の決定に影響を与えるケースとそうでないケースを比較することによって，国民所得の変動がどのくらい自動的に緩和するかを把握することができる．

　例えば，景気が過熱している状況での，その緩和の程度は，

$$\beta = \frac{\Delta Y_0 - \Delta Y_1}{\Delta Y_0}$$　　で表し得る．

計算して整理すると以下のようになる．

$$\beta = \frac{\left(\dfrac{1}{1-b}\right)\Delta I - \left(\dfrac{1}{1-b(1-t)}\right)\Delta I}{\left(\dfrac{1}{1-b}\right)\Delta I} = 1 - \frac{1-b}{1-b(1-t)}$$

$$= 1 - \frac{1-b}{1-b+bt} = \frac{1-b+bt-(1-b)}{1-b+bt} = \frac{1-b+bt-1+b}{1-b+bt}$$

$$= \frac{bt}{1-b+bt} = \frac{bt}{1-b(1-t)} \qquad \text{すなわち} \qquad \beta = \frac{bt}{1-b(1-t)}$$

ここで，$b=0.8$，$t=0.2$とすると，以下のように計算され，βは0.44となり，国民所得の変動を自動的に44％安定させるのに役立つ.

$$※\ \beta = \frac{0.8\times0.2}{1-0.8(1-0.2)} = \frac{0.8\times0.2}{1-0.8\times0.8} = \frac{0.16}{1-0.64} = \frac{0.16}{0.36} = 0.4444\cdots$$

$$0.44444\cdots\times100 = 44.444\cdots\%$$

●●●第6節　財政政策とクラウディング・アウト●●●

　これまでの議論は，財政支出を増加させた場合などに，最終的にその乗数倍の国民所得が増加するというものであり，利子率は一定であると仮定してきた.しかし，利子率の変動を考えた場合，利子率の変動が投資活動に影響を与えることから，さらに，利子率の変動が国民所得に影響を与える状況を考慮していく必要がある.

　すなわち，利子率が異なれば投資支出も異なることになり，投資，消費，政府支出の合計である総需要も変化し，結果的に国民所得も変化することになる.

　このようなことから，以下では利子率が国民所得に与える影響を，IS曲線とLM曲線を用いて示していくことにする.

　IS曲線とは，生産物市場において投資（I）と貯蓄（S）が等しくなるような利子率（i），国民所得の組み合わせを表す曲線である.ケインズの投資の限界効率理論によると，投資（I）は利子率（i）の減少関数であるので投資曲線

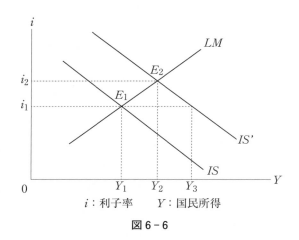

図6-6

は右下がりに描くことができる．また，貯蓄（S）は国民所得（Y）の増加関数である．結局 IS 曲線は $I(i)=S(Y)$ という条件を満たす i と Y の組み合わせの軌跡である．当初一定の利子率の下で，$I=S$ が成立していたとしよう．もしここで利子率が低下したとすれば，仮定より I は増加する．この新しい状況の下で，再び $I=S$ を成立させるためには，S も増加しなければならない．仮定よりこれは国民所得が増加することを意味する．こうして低い利子率には大きな国民所得が対応することになって，IS 曲線は右下がりに導かれるのである．

　LM 曲線とは，貨幣市場において，貨幣の需要（L）と貨幣の供給（M）が等しくなるような利子率（i）と国民所得の組み合わせを表す曲線である．

　$IS \cdot LM$ 曲線の枠組みからいえば，IS 曲線シフトは財政政策によってとらえることができる．

　今，市中消化によって国債を発行し，その財源を財政支出に充てる場合について考えてみよう．経済は，図6-6の E_1 で均衡しているとする．この時，政府支出を ΔG 増やした場合，IS 曲線は右方向にシフトするが，国債を市中消化で発行する場合にはマネーサプライは変化しないので LM 曲線はシフトし

ない．この時，利子率が一定ならば，生産物市場に乗数効果が働くことによって，国民所得は Y_3 まで上昇するはずである．しかしながらこの場合，貨幣市場では（利子率が一定ならば）超過需要が発生している．これは国民所得の上昇に伴い，貨幣の取引需要が上昇したことによる．このため，貨幣市場では利子率が上昇し，貨幣の投機的需要が減少する形で，需給が調整される一方，この利子率の上昇は財市場の投資を減少させる．これによって均衡点は E_2 となり国民所得は Y_2 の水準まで押し戻される．このように政府支出の増加によって利子率が上昇し，民間の投資を減少させることをクラウディング・アウトと呼ぶ．

参考文献

荏開津典生『明快マクロ経済学』日本評論社　平成14年

里中恆志・八巻節夫編著『新財政学』文眞堂　平成18年

中谷巌『入門マクロ経済学（第2版）』日本評論社　昭和62年

中谷巌『入門マクロ経済学（第5版）』日本評論社　平成19年

速水昇『経済学』学文社　平成19年

速水昇『要説　財政学』学文社　平成15年

速水昇編著『政府の役割と租税』学文社　平成17年

速水昇・小田幹雄編著『公共部門の経済活動と租税』学文社　平成19年

藤原碩宣編著『経済と経済学』実教出版　平成5年

Chapter7　財政の基本課題と租税原則

◀◀◀●第1節　財政の基本課題●▶▶▶

　最適な財政を達成するためには，何をなすべきであろうか．その達成のために配慮しなければならない点は数多くある．その中の一つとして，Chapter1で示した，財政の3つの機能（役割）から，現状の財政が妥当であるか否かを考えていくことが第一歩となる．そしてこの考察は，マクロ的な視点とミクロ的な視点の双方から行われるべきであろう．

　マクロ的な視点とは，財政の歳入歳出全体が行われた結果，国民全般について所得再分配がどの程度なされたかを調べ，その達成レベルが妥当であるか否かを考えたり，財政の歳入歳出全体の規模が，景気にどのような影響を与えたかを調べ，景気安定のために財政が有効であったか否かを考えるといった視点である．

　一方のミクロ的視点は，資源配分，所得再分配という財政の機能から見て，現状の個々の歳出が，現在なされている支出額の範囲内においてもっとも有効なお金の「使い方（配分）」となっているか否かを追究することや，歳入については，主要な国税のそれぞれが持つ問題点の解決策を追究することなどが考えられる．

　さらに本章では，財政における歳入歳出全体の最適性を追究するに際し，国

家財政や地方財政の双方についてより基本的と考えられる考察視点を念頭に考察を進めたい.

　その視点を示すに当たって，まず，認識しなければならない点は以下のことである．それは，公的な財・サービスの必要性は，負担と必要な供給量が別々に決定される状況で示されるものではなく，必要ゆえにあるべき支出水準の具体的な決定は，「その支出の増大とそのための負担増の容認か」あるいは「その支出の増をあきらめ，そのための負担増の回避をするか」についての国民の選択の結果による側面をもつ，という点である．すなわち，政府によって供給される財・サービスとその負担とが比較衡量されて両者が同時に決まる側面がある，という点である．（もちろん，供給と負担のどちらをどの程度望むかによって様々な供給のレベルが選択され得る）.

　妥当な歳出を論じる際によく想定される視点として，歳出が，「ある一定の金額（例えば，現状の歳出額）内」において，様々な支出，それぞれが必要とされる理由からみて，もっとも有効なお金の使い方（もっとも有効な様々な支出への配分）となっているか否かを追究する，という視点があり，この視点から妥当な歳出を考えるケースがあるが，これはあくまで，あらかじめ支出する金額が定められた中で，もっとも有効なお金の使い方を追究するという視点であり，この視点からは，あらかじめ限定されている「ある一定の金額」そのものが最適であるか，という点について明確な答えを示すことはできない．それでは，ここでいう「ある一定の金額」そのものが，いかにあるべきかまで含め，説得力のある最適な支出とはいかなる支出であろうか．その一つの答えとなる考え方が，上記の，あるべき支出水準の具体的な決定は，「その支出の増大とそのための負担増の容認か」あるいは「その支出の増大をあきらめ負担増の回避か」について（「供給」と「負担」のどちらをどの程度望むかについて）の国民の選択の結果による，というものである.

　例えば，「公園」という財がどうあるべきか（公園をどのくらい作るべきか）について考えてみよう.

この決定は，公園の外部経済がどのような状況にあるかに大きく影響を受ける．公園がもたらす外部経済は，公園への支出が必要となる重要な理由の一つである．したがって，定められた支出額の範囲内で，その支出の効果を最大にするためには，外部経済が十分に生まれるように，一定の支出額の下で，財・サービスの質や中身を選定していくことになる．しかし，一定の支出額という枠にとらわれずに，もっとも最適な支出額を特定せよと問われた時，その問いに明確に答えることは非常に難しい．少なくとも，この問いに答えるためには，外部経済も含む，公園がもたらす効果が，明確になる必要がある．けれども，特に外部経済の効果がどのくらいあるか，についての正確なところは，実際に実施してみなければわからない部分が多い．

　公園は，子をもつ親同士，老人同士，およびそれら人々を含めた地域全体のコミュニケーションの場となり，地域の連帯の向上が犯罪を減らしたり，子供たちの社交の場として，子供たちの社会性をはぐくむといった教育効果が期待されること，および治安が保たれている状況下で，子供の遊び場の確保による交通事故の防止，さらには，公園の緑が環境改善をもたらすなどの，外部経済を生むことが考えられる．

　しかし，このような効果の全てが寸分の狂いもなくあらわれるということはないし，実際にはどの状況についても，どれほどの効果があるかを完全に測ることは不可能である．地域のコミュニケーションの場となるかどうかはある程度予測がつくかもしれないが，それもある程度のレベルで，現実にどの程度のコミュニケーション促進の効果があるかは，実際に実施し，そこで人が生きてみなければわからない面がある．さらに公園が，具体的にどの程度犯罪を減らしたりするかも未知数であることが多い（つまり，やってみなければわからないケースが多い）．また，教育効果という点に注目し，子供たちの社会性がどの程度はぐくまれるか，についても「具体的にこのくらいだ」と特定することは容易ではない．交通事故の防止，という点についても同様である．

　もしも仮に，このような効果の全てが寸分の狂いもなく明らかであるならば，

202

特に犯罪の減少，交通事故の防止などは，人の命に直接的にかかわることであるから，そのために必ずここまでは供給すべきという水準が明確となる可能性もあるが，現実には明らかにならないことが多い．

　効果が明確で，かつそれが必要不可欠であると確実に判断できる状況でなければ，最終的にどの程度公園を造るべきかを判断することは難しい．このような時には特に，公園を造るという判断基準に対して，人々が判断する費用の負担の許容レベルがより影響を与えることになる．

　特に第二次世界大戦以降では，公的な財・サービスの最適な供給量が，負担の在り方に影響を受けて決定される傾向が強まっている．つまり，自らが，その公的な財・サービスの便益を得るために，どれだけの負担を許容できるか，といった形で，得られる便益の可能性とそのための負担の重さとを比較衡量した結果として，最適な供給量が決定されなければならないものが増える傾向にある．

　一般に，公共財であろうが私的財であろうが，負担の状況を考える必要がないならば，より多くの供給が望まれることが多い．例えば，甘いケーキを食べたいと考える人は，通常は，一つケーキを食べるよりも，二つケーキを食べることを望む．もちろん，限界効用（得られる財・サービスが1単位増えた際に得られる効用）は，一般に逓減していくので，一つ目のケーキよりは10個目のケーキの方が効用（満足度）は低くなる．しかしながら，確かに限界効用は逓減すると考えられるが，得られる財・サービスが増えれば増えるほど，それを得る人の総効用が増加していく可能性は十分に考えられるので，その財・サービスを得るためにどれだけの負担を許容し得るか，つまり，その購入によって生じる機会費用との比較衡量を経るという負担の観点からの制約が，財・サービスの需要量に影響を与えることとなる．負担額に制限がない状況では，人は無制限に財・サービスを欲する可能性をもつ．限界効用逓減の法則を前提とするとしても，より多くの効用を得ようとする人間の欲望には，基本的に限りがないと考えられるからである．そのような中，負担のあり方が財・サービスの

需要量に影響を与えることは自明である．この点は，公的に供給される財・サービスについても同様である．

　いかなる財・サービスであろうとも，その財・サービスがどの程度の量必要となるかは，その時代ごとの社会状況や価値観に影響を受けながら，既述のように，負担と便益が比較衡量されて決定される面がある．しかし，第二次世界大戦以前の政府支出については，事情が異なる．

　戦前のわが国では，軍事費が財政支出の最大項目であった（表7-1参照）．特に明治においては，軍事関連支出が，総支出額の5割を上回る状況にもなる程であった．国債費を除けば，軍事関連支出の比率は，さらに高まることにな

表7-1　一般会計歳出推移（経常，臨時別）（決算）

（単位　千円）

年　度	経常部	内）公債費	陸軍省	海軍省	臨時部	合　計
明治21	68,255	20,718	11,821	5,469	13,249	81,504
24	62,936	18,516	12,657	5,412	20,620	83,556
27	60,421	19,721	7,828	4,574	17,707	78,129
30	107,059	29,505	28,746	9,544	116,620	223,679
33	149,134	34,841	36,124	16,911	143,616	292,750
36	169,762	36,485	39,355	21,530	79,834	249,596
39	339,594	154,541	38,373	27,991	124,321	463,915
42	394,193	153,180	69,602	35,143	138,700	532,894
45	416,895	141,653	80,175	41,534	176,701	593,596
大正4	386,516	120,000	70,651	38,996	196,753	583,270
7	490,167	136,577	94,918	54,602	526,868	1,017,036
10	841,750	112,027	169,071	140,719	648,106	1,489,856
13	1,051,010	187,940	179,331	124,628	547,014	1,598,024
昭和2	1,171,777	282,133	174,190	136,545	593,936	1,765,713
5	1,202,152	272,517	174,456	146,887	355,711	1,557,863
8	1,313,017	334,791	166,471	179,027	941,644	2,254,662
11	1,320,140	363,352	191,433	236,408	962,035	2,282,175
14	1,906,338	675,233	186,056	285,638	2,587,494	4,493,833

資料）各年度「決算書」による．公債費は国債整理基金特別会計繰入額．
出所）西村紀三郎『財政学新論（第3増補版）』税務経理協会，平成6年，p. 104.

り，その後も，インフレーションに対応して，人件費が増加するとともに，軍事についての近代化の必要に迫られた結果として，軍事関連支出の比率が高い状況が保たれ推移している．

　この状況の下では，「支出増大，国民負担増の容認か」，「その支出増をあきらめ，そのための国民負担増大を回避するか」についての国民の選択の結果が，民主的なプロセスの下，支出水準に，直接的に大きく影響を与える可能性は皆無に近かったと考えられる．この期間は，日本が戦争にひた走る時期であり，現実に戦争が行われていたので，軍事関係費が政府支出の大半を占め，国の存亡をかけた状況下，その軍事関係支出は，不可避な支出であり，国債発行による将来の負担増であれ，増税による現在の負担増であれ，そのための負担を容認せざるを得なかった．

　しかし，第二次世界大戦以降，高度経済成長を経る過程で，上記の状況は大きく変化することとなる．大戦後の経費増大過程では，国家活動として不可欠な支出の増大よりも，従来ならば個人あるいは私企業の仕事と考えられ，その責任で果たされていたものを，国家の手で分担実現するものが加わったことによる増大が大きかった．

　すでに第一次世界大戦前後から，デモクラシーへの志向強化とともに，生活，教育，文化，産業への国家介入が高まり，それに応じて経費の規模も増大する状況へと変化する傾向となり，さらに第二次世界大戦後には，この傾向がより一層顕著になったのである．具体的には，貧困者対策が，生活保護，国民の医療保険の充実となり，医療，生活の保障が強化され，教育対策は，義務教育の拡充，高等教育の振興となり，さらに高等教育に対する国家援助，科学技術に対する補助，育成にまで拡大された．また，以前は，租税負担の基盤であった農業が，国家の保護対象へと転じた．資本力に乏しい中小企業も保護対象に加えられるようになり，国家経費はさらに増大していくこととなった（これら増大した支出は，全て，Chapter1にて財政による供給の必要性を説明された準公共財の供給によるものである）．

この変化の下，増大したこれらの経費を認めるか，それともその増大する経費を認めず，その支出のための国民負担の増大を回避するか，の選択の結果によって経費が決定するという視角を軸に考察が展開される傾向が生じたのである．つまり，特に第二次世界大戦後に，上記のような新しい支出が増大していることに対応して，増大したこれらの経費を認めるか，それともその支出をあきらめ，国民負担の増大を回避するか，の選択の結果によって経費が決定するという視点を軸に考察が展開される傾向が強まった．

　そして，特に現在のわが国においては，国民が，「支出増大，負担増の容認」か，「その支出増をあきらめ，国民負担増大を回避する」かの選択をすること，すなわち，財・サービスの供給とそのためにどれだけの負担を許容できるかを比較衡量して供給が決まることが，今まで以上に強く必要とされる状況になったと言える．わが国の国債残高は，Chapter4 第2節でも説明したように，令和4年度末には，約1,026兆円に達している（図7-1）．また，国債残高の増加に応じて，利払いも増加する傾向にある．この利払いと，債務の償還のための支出は，今や一般会計歳出総額のおよそ25％を占め，社会保障関係費と並び大きな支出項目となっている．このような状況下，今後，国債収入に多くを依存することは困難な可能性があり，さらなる支出増のための財源は，増税に頼らざるを得ないことになり，現状においては，「支出増大，負担増の容認か」，「その支出増をあきらめ，国民負担増大の回避か」．つまり負担と給付の比較衡量の結果についての国民の判断が，支出水準に影響を与える可能性は高い状況である．

　なお，上記の現在の状況（国債残高の累増）は，別の角度から見るならば，国民が，「支出増大，負担増の容認か」，「支出増をあきらめ，国民負担増大を回避するか」の選択を強く迫られる状況になかったがゆえに生じたと考えられる面もある．つまり財・サービスを生み出すためには，いかなる場合でも必ず費用がかかり，そのための負担を誰かがしなければならないわけであるが，このこと（つまり負担と給付の関係の下で，人々が最適な公的財・サービスの供

給を追究すること）を政府や国民が十分に認識しない状況であったゆえに生じ
た可能性もある．さらには，政府が供給するものは，税負担という形で，国民
が負担しなければならない状況であるにもかかわらず，政府が提供してくれる
ものは，無料である，との強い「錯覚（財政錯覚という)」に，国民が陥って
いた可能性が指摘されることもある．

　国債残高が増加し，景気が不安定な状況では，「財政破綻（例えば，政府が
借金を返すことができなくなるので，日銀が紙幣を大量に発行し，インフレー
ションになって社会秩序が崩壊するなど)」の可能性も皆無とは言えなくなり，
リスクが高まる．つまり「支出増大，負担増の容認」か，「その支出増をあき
らめ，国民負担増大を回避する」かについての（つまり受益と負担の在り方に

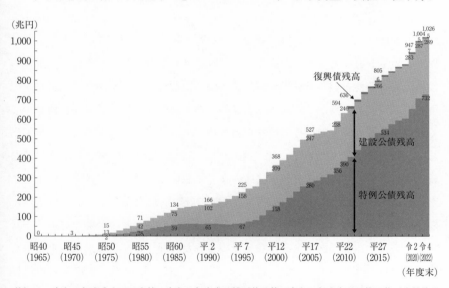

注）　1　令和 2 年度末までは実績，令和 3 年度末は補正後予算，令和 4 年度末は予算に基づく見込み．
　　　2　普通国債残高は，建設公債残高，特例公債残高及び復興債残高．特例公債残高は，国鉄長期
　　　　債務，国有林野累積債務等の一般会計承継による借換債，臨時特別公債，減税特例公債及び年
　　　　金特例公債を含む．
　　　3　令和 4 年度末の翌年度借換のための前倒債限度額を除いた見込額は1,006兆円程度．
出所）財務省　資料
　　　https://www.mof.go.jp/tax_policy/summary/condition/a02.htm　2022年 8 月31日閲覧

図 7 - 1　普通国債残高の累増

ついての）国民の選択によって，財政水準を決定しなければならない可能性は高まる．確かに，どこまで弊害なく国債に依存できるかを判断することは，容易ではないが，オイルショック以後，平成不況以降の日本の状況は，「支出増大，負担増の容認」か，「その支出増をあきらめ，国民負担増大を回避する」かについての選択を政府や国民が十分にすることが，不可欠となってきているとの指摘もなされている．

　しかし，上記で述べてきた方向，つまり「支出増大，負担増の容認」か，「その支出増をあきらめ，国民負担増大を回避する」か，すなわち，財・サービスの供給とその負担を比較衡量して供給が決まる，といった視点が重要性を増していることは明らかだが，その達成が容易ではないことも事実である．Chapter1で，純粋公共財，準公共財について説明したように（※第二次世界大戦後に増加した新しい政府支出のほとんどがその準公共財である），市場経済とは異なる税金を財源として，政府によって供給される財・サービスは，外部性の性格，非排除性といった観点から，利益が誰にどれだけ及ぶかといった点が把握しづらく，この点から，あるべき供給水準を追究する上で必要な情報を得にくい性格である．また，その情報を需要者である国民に求め，需要曲線を導出して最適な水準を追究するとしても，Chapter1で説明し指摘したように，財政によって供給される財・サービスの多くにおいて，フリーライダーが生じるために，図1-3が示す均衡点E（公共財の最適供給水準，リンダール均衡）の達成は困難である．そもそも，国民全員に広く受益が及ぶ公的な財・サービスの性格によって，国民全員の意見を限られた時間内で統合し，最適点を求めることは容易ではない．Chapter1で示したように，投票のパラドクスゆえに，投票による決定に限界がある点からもそれは示唆される．したがって，政府が供給する財・サービスは，政府の判断の下，市場経済における財・サービスの購入に際しての対価の支払いとは大きく異なる税金によって供給せざるを得ない性格であり，根本的ともいえる性質として，財政において受益者の限界評価による受益者負担を目指すことは容易ではないのである．つまり，社会的余剰

を最大にし，市場経済において達成し得るような最適な供給を達成することは困難である．すなわち，財政の存在根拠を考えるとき，受益と負担の双方を最適にするためには，さらに考慮し，のり越えなければならない多くのハードルが生じるのである．このように，容易には受益者負担の下，最適な供給水準を達成することが困難な政府経済ではあるが，受益と負担の関係を無視した結果，財政全体として財政赤字が大きく広がることにならないように留意し（容易ではないが，可能な限り財政赤字による弊害が生じないような受益と負担の関係を目指し）た上で，さらにChapter1の資源配分と所得再分配を最適にする視点，景気を安定させる視点および本章第4節の「公平な課税の視点（それらを達成する視点）等」をも考慮して，負担を（それと同時に受益レベルも）決定していくことが理想である．これらの各視点をも十分に配慮して考察が進められなければならない．

　実のところ，税負担の公平性に関しては，受益者負担，受益に応じた負担の必要性が，上記のように認められながらも，財政にはその実施が困難な性格があるため，応能負担（人々の所得等の大きさに応じた負担）が行われている．（この点については再度第4節で示すことにする）．実際に，財政における財・サービスの供給とその負担は，受益に応じた負担ではなく，それとは異なる税を負担する能力に応じた負担となる傾向にあるのである．そうならざるを得ない状況，つまり供給される財・サービスの受益に応じた負担とはなり難い状況がある点は，すでに第1章，および上記で説明した通りである．そのような中でも，受益に応じた負担が意識され，大幅な財政赤字が広がらないように配慮する必要がある，という状況の中で財政活動が行われているのである．我々はこの点を十分に意識し，応能負担によって徴収された財源の枠内でより国民の効用の高い財・サービスを供給し，かつ，さらに支出が増加する場合には，他方で，それを賄うための負担を求めることが，現状の応能負担の中で可能か否かを熟考し，どこまで借金に頼れるかに十分に配慮して，財政赤字が広がりすぎないようにする必要がある．そのために，本書で示してきた政府によって供

給される財・サービスの性格（なぜ政府による供給が必要か）を十分に理解し，その目的により適った財・サービスを供給していくことが，第一歩となると考えられる．

　また，負担増が必要と判断された際には，どのような税制において負担増とするかを考えなければならないわけであるから，もしも負担増となる際には，各税における様々な問題点，あるいはメリットに十分に配慮して負担増を行うことも重要となる．

　ここで，もう一度，議論を整理したい．要するに上述のポイントは，政府が供給する財・サービスの便益に応じた負担を国民がすることが困難な中，つまり利益に応じた負担ができない状況下，税を負担できる能力に応じて税負担をしている状況を念頭に置いている．そして，この状況で，さらに政府による財・サービスの供給を増やす必要が不可避となった場合に，その財・サービスから得る効用と負担の増加とを比較衡量して負担を決めろということである．しかし，これは極めて困難である．すでに負担が応能負担となっている中，さらに負担を求めると，政府が供給する財・サービスの便益とは無関係な人が負担を増加させることになる可能性もあり，そう簡単に話は進まない．かといって，政府が供給する財・サービスの便益の恩恵を受ける人がその便益に応じて負担をすることができない点は，すでに多くの紙数をさいて説明してきた通りである．この時，負担増をする税制を決定する決め手となることは，応能負担の下，負担増を被る人々を説得できるか否かである．その説得のためには，まず，増加する政府が供給する財・サービスの便益を誰が得るかが，外部性等の財・サービスの性格が十分に明らかとなる中で，可能な限り明確になる必要がある．そして増税となる人とその便益を受ける人とがなるべく一致する状況で，もっとも妥当な財・サービスの供給を増加させ，もっともデメリットが少なくメリットが多いかたちで税を増加させることが必要となる．再度述べるが，そのためには，政府によって供給される財・サービスの性格（なぜ政府による供給が必要か）を十分に理解し，その目的にできる限り適った財・サービスを供

給していくことが，大前提となり，各税における様々な問題点，あるいはメリットに十分に配慮して負担増を行うことが重要となる．

◖◖●第 2 節　様々な財政支出の動向への配慮の必要性●◗◗

　政府による財・サービスの最適な供給を決定するために，「支出の増大，国民負担増の容認」か「支出増をあきらめ，その支出のための国民負担増大回避か」についての選択が必要となる点を指摘してきた．実際にそれを実施することは極めて困難ではあるが，たとえある程度のレベルでも，供給された財・サービスとその負担とを比較衡量し，負担に応じた供給レベルが必要となる可能性がある．

　さらに，この選択に際し，例えば，負担の増加を容認するか否かの判断が，単一の行政領域の情報のみに依存するわけではないという点に十分に留意すべきである．例えば，新エネルギー開発のための支出レベルを，どの程度にするかを判断する場合でも，「新エネルギーの開発に関する支出増大，負担増の容認か」，「新エネルギーの開発に関する支出増をあきらめ，そのための国民負担増大の回避か」の選択には，他の多くの行政領域の状況が影響を与える．もしも国民が「新エネルギーの開発に関する支出増大，負担増の容認」を望んでいるとしても，他の行政領域からも，同方向の必要性に迫られるならば，そうでない場合に比べて，「支出増，負担増の容認か」「その支出増をあきらめ，負担増の回避か」についての判断が大きく異なる可能性がある．仮に国民が，新エネルギーの開発のための支出増大，そのための負担の容認を望んでいるとしても，他の行政領域からも同方向の必要性が強く生じる時，その双方を達成する場合の総負担は，片方だけを達成する際の倍ともなり得るので，どちらをどの程度のレベルで優先させるかについての判断の結果が，双方の行政領域の必要性のレベルに応じて異なってくる可能性がある．現実に，現在においては，新エネルギーの開発以外の様々な公的な財・サービスの供給が，社会に根付き定

着し，国民の生活を支えている．そして，それらの中でも，もっとも大きな存在は，高齢化社会への対応のための財・サービスである．

わが国の総人口は，令和 2 年10月 1 日現在，1 億2,571万人となっている．65歳以上人口は3,619万人となり，総人口に占める割合（高齢化率）も28.8%となった．わが国の65歳以上人口は，昭和25年には，総人口の 5 ％に満たなかったが，昭和45年に 7 ％を超え，さらに平成 6 年には14％を超えた．高齢化率はその後も上昇を続け，令和 2 年10月 1 日現在，28.8%に達している．65歳人口は，「団塊の世代」が65歳以上となった平成27年に3,347万人となり，「団塊の世代」が75歳以上となる令和 7 年には3,677万人に達すると見込まれている．

その後も65歳以上人口は増加傾向が続き，令和24年に3,935万人でピークを迎え，その後は減少に転じると推計されている．一方，75歳以上人口は，令和36年まで増加傾向が続くものと見込まれている．

このような状況下，高齢者への対応を軸に，社会保障に関する費用の増加圧力は，当面の間，容易には弱まり難い．

◖◖◖第 3 節　支出内容の変容と租税原則◗◗◗

租税原則とは，租税のあるべき姿を追究するに際して，いかなる税が妥当であるかを判断する重要な基準であるとともに，あるべき税を考える際の考察視点でもある．以下では，アダム・スミスとアドルフ・ワーグナーの租税原則を示そう．

1．アダム・スミスの租税原則

① 　公平の原則：租税は公平であるために，各人が国家の保護の下で，享受する収入に応じて貢献すべきである．

② 　明確性の原則：納めねばならない税金がどれだけかということが，各人に

とって確定的で，租税の支払い方法，期日が明瞭であるべ
きである．

③　便宜性の原則：租税は納税者にとってもっとも便宜と思われる時期，方法
　　　　　　　　において賦課されねばならない．

④　徴税費最小の原則：徴税費はできるだけ小さくしなければならない．

2．アドルフ・ワーグナーの租税原則

(1)　財政政策上の原則

①　十分性の原則：租税は経費を賄うに足りるだけの収入を十分にあげ得るも
　　　　　　　　のでなければならない．

②　弾力性の原則：経費の増加，または租税以外の収入の減少によって生ずる
　　　　　　　　国家収入の不足が，増税，自然増によって可動的に埋めら
　　　　　　　　れるような作用を税制の中に盛り込んでおかなければなら
　　　　　　　　ない．

(2)　国民経済的原則

①　税源選択の原則：原則として，税源は国民所得に求め，国民財産または国
　　　　　　　　　家資本は努めて破壊しないように注意しなければならな
　　　　　　　　　い．

②　税種選択の原則：税源選択の原則ならびに公正の原則からみて，租税は，
　　　　　　　　　負担するはずの者に確実に帰着するような種類を選ばな
　　　　　　　　　ければならない（転嫁の状況にまで配慮して税種を選択
　　　　　　　　　する必要がある）．

(3)　公平の諸原則

①　普遍の原則：負担は広く一般人民に課税されなければならない．しかし，
　　　　　　　社会政策的見地に立つ時は，小額所得者に対し，減・免税を

認めなければならない.

② 平等の原則：各人は国家の維持発展のために，当然の義務として平等の犠牲を払うべきであるとともに，各人の担税能力に応じて課税すべきである．担税能力は，所得に比例した額以上に高まるので累進課税でなければならない.

(4) 税務行政上の原則
① 明確性の原則
② 便宜性の原則
③ 徴税費最小の原則

3．十分性の原則を満たす税金

ここで，特に注目したいのは，ワーグナーが自らの租税原則において，もっとも重視したと考えられる十分性の原則である.

公的な財・サービスの最適供給量の決定に際し，負担と必要な供給量が別々に決定されるべきではない，という考え方が，すでに前々節において示されている．それは，最適な水準は，財・サービスの供給とそのための負担との比較衡量の結果として求められる側面を持っているというものであった.

そのことを念頭に，ワーグナーの租税原則の最初に示されている，十分性の原則を見るとき，前々節で示した最適な財政規模の考え方と，この十分性の原則が示す方向性が，必ずしも同方向ではない点（双方の間に考え方のギャップがある点）に気づく.

もう一度，それぞれの考え方を示すことによって，そのギャップを認識しよう．まず，本章第1節で示した，最適な財政規模についての考え方は，以下のようであった.

公的な財・サービスの必要性（＝最適な支出額）は，負担と必要な供給量

（＝生産・提供量）が別々に決定される状況で示されるものではなく，必要
（であるが）ゆえに，あるべき支出水準の具体的な決定は，「その支出の増大と
そのための負担増の容認か」あるいは「その支出の増をあきらめ，そのための
負担増の回避か」についての国民の選択（もちろん，どちらをどの程度望むか
によって様々なレベルが選択され得る）の結果によって決まる側面をもつ，と
いうことである．すなわち，最適な支出レベルは，その財・サービスの必要性
と，それを得るために生まれる，自らの財布を痛める負担とを比較衡量した結
果として決まる，という考え方である．

　一方の，ワーグナーの十分性の原則の考え方は，租税は，経費を賄うに足り
るだけの収入を十分にあげ得るものでなければならない，というものであるか
ら，双方の考え方は明らかに同じではない．すなわち，前者（最適な財政支出
を満たす，税で取るべき金額）と，後者（ワーグナーの租税原則における「十
分性の原則」を満たす，税で取るべき金額）は明らかに，異なる金額になり得
る．つまり，端的に示すならば，前者は，最適な支出レベルは，その財・サー
ビスの必要性と，それを得るために生まれる，自らの財布を痛める負担とを比
較衡量した結果として決まる，と言っているのに，後者では，自らの財布を痛
める負担とは，まったく無関係に，もうすでに，絶対的に最適な水準が存在し
ている，というように取れる内容である．

　では，どちらの言うところの支出レベルが，本当に最適で，どちらの考え方
に即した金額が，もっとも最適な税で取るべき妥当な金額なのであろうか．

　その答えは，前者も後者も，どちらも正しい，と示すことが許されよう．も
う少し正確にいうと，状況に応じて，前者が正しい場合もあれば，後者が正し
い場合もある，ということである．さらに，具体的にいうと，長期的な期間に
おいて達成すべき理想は前者にあるが，現実は（つまり短期的には），事実と
して，後者の状況を推進し，税のあり方を定めざるを得ない状況も多い，と理
解してよい．ではなぜ，このような理解が妥当となるのであろうか．その理由
を一言で示すならば，それは，短期的には，歳出（＝財政支出）を，簡単に変

動させることができないケースがあり得るがゆえである.

　例えば，介護保険は，国民が，ある一定の年齢となったならば，加入し，保険料を支払い，そのお金をプールしておいて，介護が必要な国民のために支出するしくみであるが，保険料だけでは足りないので，税金を投入すること（つまり歳出がなされること）が決まっている．このときこれらに関係する多くのことが，法律によって決められている．ひとたび，法と名の付いたもので規定された決まりごとは，国会審議を経なければ変更することはできない．そして，国会を通して，歳出を減らす方向へ法律を変えることは，様々なところから反対意見がでてきて，なかなか進まないことが多い．現実に，そういう状況が多く，かつそれが続く傾向にある．事実として，歳出削減が強く主張される中で，歳出削減への変化を示すことなく，ひとたび達成された歳出のレベルが継続する可能性が高いのである.

　もちろん介護についてもそれは起こり得る．介護の必要性は中長期的には高齢者の増加に応じて必然的に高い状況が続くと考えられるが，景気状況に応じて，介護への税金投入の必要性が短期的に変動する可能性は皆無ではない．しかし，そのような変化が，現実の介護への税金投入に反映される可能性が高いとは言い難い.

　財・サービスの必要性と，それを得るために生まれる，自らの財布を痛める負担とを比較衡量した結果として決まる最適な歳出水準を達成することは理想の一つとなり得るが，数限りなく多様にある財政支出（によって提供される財・サービス）に対し，およそ1億人の人々の意見を統合することは容易ではない．つまり，即断し，歳出を増加させたり，歳出を減少させたりすることは容易ではないのである．平成21年の9月から，政権交代を果たした民主党が，選挙戦においては，3兆円に上る歳出の削減を目指しながらも，（事業仕分けの対象とした歳出について）十分な額を削れなかったことが思い出される．また，経済成長が著しく財源が豊かになる一方の状況下での歳出の増加は容易であるが，昨今のように，先進国中最悪の財政赤字がさらに累増する可能性の下，

これ以上国債に依存しづらい中での増税による歳出の増加については，これも国民全般に短期間でコンセンサスを得ることは，困難である可能性がある．

　上記のような状況ゆえに，短期的には，歳出の変動は容易ではない．したがって租税は，経費を賄うに足りるだけの収入を十分にあげ得るものでなければならない，という，ワーグナーの原則が示す租税のあるべき姿が意味を持つことになるのである．つまり，（借金による歳出の増加も含め）歳出を急激に変動させることができない中，近年の日本における先進国の中でも極めて大きい財政赤字をさらに大きくしないために，租税が経費を賄うに足りる状況であることが重要となるのである．

　確かに，本章の第1節で指摘したように，戦後は，戦前に比べると，国防費の比率が低下したこと，および，戦後に増加した新たな経費（新たな政府の支出）の存在ゆえに，税の在り方を考える際に，必ずしも十分性の原則を満たす税を考えなければならない状況ではなくなっている．つまり，負担増を回避するために，財・サービスの供給をあきらめたり，あるいは，問題としている歳出以外の歳出をあきらめることによって，問題としている歳出の水準を引き上げたり，といった点を国民が判断する必要性が高まっている．

　しかしながら，この高まりは，ひとえに，戦前と比べるところの相対的な傾向を示すものである．依然として，現実においては，「十分性の原則」を満たす税を追究しなければならないケースが，多く存在している．少なくとも，事実として，負担の状況とは無関係に，歳出を削減（特に削減は困難である）することが困難な状況が続く傾向があるのである．

　そのような中，よりいっそうに，ワーグナーの租税原則における十分性の原則から，税の在り方を考える意義を高めている中心的な状況として，目前に迫っている，さらなる高齢化社会の深化がある．今後，団塊の世代がさらに年を取っていく中で（他の歳出の削減が，事実，遅々として進まない状況下），将来，さらなる増加が不可避となる高齢者への支出に対する税財源の対応は，まさに，「十分性の原則」を重視しなければならない状況を生むと考えられる．

そして，高齢化社会に対応する状況下，十分性の原則の視角から，税の在り方を追究した成果の一環と考え得る税制改革として，例えば，わが国における近年の消費税導入をあげることができる．周知の通り，消費税は，確実に到来する高齢化社会に際し，将来，高齢者のための支出の増加を主因として，増加が不可避となる財政支出を支える財源として導入された面がある．その際にもっとも高く評価されたのは，消費税がもつ「安定財源（景気変動に際して，税収入が相対的に大きく変動しない財源）」という性格であり，これはすなわち十分性の原則を満たし，赤字累増のリスクを回避する重要な税の性格である．景気変動に応じて大きく変動する税に依存するならば，その変動に即して財政支出（特に中長期的に増加傾向となる高齢者への支出）を急激にこまめに増減させることは困難となる可能性がある中で，その場合，景気の低迷期には財政赤字が増加することになる．すなわち安定性のないアップダウンの激しい税は，財政赤字を拡大させる可能性が高いのである．なお，景気の良い時に，税を十分に最適にプールしておくことが容易とは言えない点は，民主党政権時代に注目された，特別会計におけるプール財源，いわゆる埋蔵金の問題からも察することが可能である．すなわち，プールを続けることは批判を受け得る．それゆえに変動の少ない安定性のある税が評価されるのである．

●●●第4節　公平な課税と税の在り方●●●

次に，公平の原則について，言及しておきたい．どのような課税が公平であるかは，Chapter1で見た，所得再分配をどの程度進めるべきか，という議論と直結する問題である．

旧来よりの課税の公正の基準として，応益原則と応能原則がある．応益原則は，政府によって提供される財・サービスから得る受益に応じて税負担をすることを主張するもので，一方の応能原則は，負担できる能力に応じて税負担をすることを主張するものである．

　ただし，どちらの原則に従おうとも，完全にそれぞれの主張を達成すること
は不可能である．まず，応益原則については，政府が供給する財・サービスの
利益が，それがもたらす外部経済も含め，非排除的である状況下，その価格に
ついて市場経済における市場の判断を得ることはできず，人々がフリーライ
ダーになる可能性がある中で，万民が異を唱えることのない財・サービスの供
給に対する対価を定めることはできない．したがって，万民が完全に納得する
形で，受益額（つまり負担額）を求めることもできない．

　同様に応能原則についても，各人の能力を，万民が納得する形で把握し，公
平な課税を実現することは不可能である．そもそも，税負担における能力とは
いったい何を指すのであろうか．まず考えられることとして，各人が現実に支
払い得る額を問題とし，その大小を示す指標として，各人の所得の大小に注目
し，これを税負担能力のあるなしを示すものと考える立場がある．また他にも
各人の資産や消費などを，税負担能力を示す指標と解する見解もある．しかし
いずれの指標を用いるとしても，公平性について次のような問題が生じる．確
かに，税負担は，金銭を政府に支払うことであるから，現在，所得のある人ほ
ど，したがって消費の多い人や資産の多い人ほど，税の支払い能力が高いと考
えることは，一見問題のないことのように思われる．現行の所得税における各
種控除のように，各人の置かれている条件の違いをある程度考慮するならば，
その可能性はさらに高まる．しかしそこには，公平性について，とても大きな
問題が残されている．そのことを象徴するものとして，以下のことをあげ得る．
それは，公平を示す重要な2つの概念である「結果の平等」と「機会の平等」
について，つき詰まるところ，特に機会が平等であるか否かについての具体的
な状況を厳密に把握することは不可能であるという点である．例えば，課税対
象となる所得を結果と考えて，所得の大小に応じて税負担をするとしても，真
の公平を突き詰める上では，結果としての所得の大小のみに注目することが妥
当か否か，といった問題が生じてくる．市場取引を通してなされる所得の分配
は，運否天賦をはじめ様々な予期せぬ事態に少なからぬ影響を受け得る．この

ような中，所得の大小に応じて負担を求めることが，公平か否かについては，各人が所得を得る上での機会が平等であったか否かが大いに問題となろう．しかし，機会が平等であるか否かを，各人について詳細に把握することは極めて困難であり，機会の平等を完全に達成することは不可能である．もとより，機会の平等は，結果の平等を見ることによってしか明らかとならない面があることからも明らかなこととして，機会の平等を完全に達成することは不可能である．したがって，所得に応じて税負担をすることによって，誰しもが納得する税負担の公平性を達成することも不可能である．同方向の議論が資産や消費水準を，税の負担能力と捉え課税した場合にもできる．

また，応能負担については，次のような問題も生じる．それは人々の価値観の違いの問題である．将来に対しなされるあらゆる判断とそれに基づく行動，例えば児童の将来に配慮した上での，その児童についての教育費などは各家計ごとに様々に異なる．このような各個人の価値判断によって支出される様々な支出が，その家計を圧迫している時，例えば，例示した各家計の教育費の必要性（その家庭の児童の能力，本当にその教育費が必要であるか否か）などに十分に対応して各人の税負担能力を判断することなど不可能である（なお，このような判断の困難性が，完全な機会の平等達成の不可能性と無関係ではない点にも配慮したい）．このことは，資産や消費水準を課税標準とした場合にもついてまわる問題点である．応能原則に従い，万民の納得が行く公平な課税をなすことは不可能なのである．

このように，2つの基準に従い，誰もが納得する公平な税負担を達成することが不可能である中，実は両基準は，課税の原理が変化せざるを得ない状況に際し，原理の変化を人々に少しでも納得してもらうために用いられてきた面をもつ．つまり，はじめに公正の基準ありきではないことがあるのである．

例えば，ワーグナーが税の公平性について累進負担を主張した時の社会状況は，新しい社会問題（労働条件の改善等による労働者の保護など）の解決などが，国家に課せられる傾向が生まれる中で，支出増大の可能性が高まる傾向に

あった．その中で，累進税率の強化が，所得格差の拡大に対応し，租税原則における，十分性の原則を満たす上で有効に機能する状況や可能性が生じる傾向にあった．すなわち，比例的な課税にはない高い所得弾力性を保ち，極めて十分性のある税収入を得る累進課税とすることが，必要な財源を賄う上で有効となる可能性が高まる状況が生じていたのである．そして，このような変化に対応して主張されてきた応能原則には，累進負担を正当化するために（つまり説得のための論理の一端として）用いられてきたと考えられる側面がある．応能という考え方が，説得の論理としてどれだけ機能したかについては，さらなる追究が必要であるが，必要不可避な状況として増加する傾向にあった中心的な支出の一つが，社会的弱者保護への支出であったことを考えると，応益原則よりは説得的であったと考え得るのである．

　このような観点から考えるならば，誰にどの程度の負担を求めることが公平であるかを明らかにする際に，つまり公平な課税を提示する際に，応益原則や応能原則といった基準が決め手となるわけではないことが示唆される．

　ただし，だからと言って，応益原則や応能原則といった公正の基準が，無意味ということにはならない点には注意が必要である．なぜなら，少なくとも，この2つの基準にまったく従わない課税は，人々に受け入れられる可能性が極めて低いからである．そのような課税が行われるならば，たちまち，租税抵抗が生じ，財政の実施自体が困難になる可能性が高い．したがって，問題はそのレベルである．つまり，利益に応じる方向を追究するにしても，所得の大小に応じる場合でも，その応じる程度，具体的な負担額は，公平基準以外の様々な事柄に影響を受けながら決まることとなり得る．応益原則か応能原則のどちらかが，公平について人々を説得する上である程度有効となる状況で，そのどちらに即すにしても，具体的な最適負担レベルは，人々が，妥当な公債水準の下，税負担をどの程度まで許容できるかに配慮した上で，どれ程のレベルの財・サービスの供給を望むかが明らかとなる過程で，（その負担において，再分配がもたらす全ての経済的影響にも配慮したところで）所得再分配をどの程度の

221

レベルまで行うべきと考えるかといった，人々の判断に影響を受けて決まることになろう．ただし，そのようにして決められた税が最適であるためには，さらに，これによって公的に供給される財・サービスがもたらすあらゆる効果や影響が明らかになっていて，それを人々が熟知していなければならない．そうでなければ，必要な支出とそのための負担を比較衡量して，なるべく赤字とならないようにすることができないからである．また，必要と判断された支出水準に対し，税が十分性の原則を満たすために，どの程度の累進レベルが有効であるか，ということが，税の在り方に影響を与えることもあるかもしれない．また，それぞれの税を課した結果として生じる様々な影響（Chapter5参照）にも十分に配慮し，それらについても最適な結果を得ることが必要となるであろう．これらの状況解明や判断を経て，人々がもっとも納得する税が，各時代におけるもっとも妥当な課税ということになるのではなかろうか．

　なお，実際に，現実の税制度は，その多くが応能原則に即しているとみることができる．もとより市場経済と同様の負担が困難な財政において，応益原則が明確に成り立つ制度は，道路整備の財源として用いられていた揮発油税等一部である．（この点については Chapter3，第4節．予算原則の5．ノン・アフェクタシオンの原則を参照されたし）．このように，税制度が応能原則に即す性格が強い中で，いくつものハードルを乗り越えながらも，政府によって供給される財・サービスと人々の負担とが比較衡量され，負担の許容限度額とそれに応じて供給される財・サービスのレベルが一致し，財政赤字が極端に大きくならない状況が，中長期的に望ましい可能性は，すでに示してきたところである．

　税制が応能原則に従う傾向が強い中，応能原則に従う応能負担をより妥当なものとするためには，垂直的公平と水平的公平を達成する必要がある．垂直的公平とは，より多くの経済力を持つ人により多くの負担を求めるもので，水平的公平とは，同等の経済力を持つ人には同等の負担を求めるものである．垂直的公平については，すでに上記で述べてきたように，機会の平等，結果の平等との関係が人々の間で明らかとならない点や，人々の価値観の違いなどから，

各人の経済力をどのように評価すべきかが容易には明らかにならないため，一義的に望ましい負担水準を決められない．もちろん，水平的公平についても，同等の経済力を持つ人を，本当に同等の経済力を持つと考えてよいか否かの観点から，垂直的公平の場合と同様に一義的な判断は下せない．しかし，水平的公平に関しては，追究を進める余地が垂直的公平に比べて多い可能性がある．同一の所得，消費，資産等をもち，同一の事情を有する状況にいる人を，特定できる可能性は相対的にあると考えられ，それらの人々に等しい負担を求めることが有効となり得る．

●●● 第 5 節　地方債の問題点と地方税原則 ●●●

　地方債の最大の問題点は，その発行が，約1,700ある地方公共団体の格差（例えば借金の多い団体とそうでない団体の赤字額の格差）を広げ，財政破綻に瀕するような地方公共団体を生む可能性をもつ点にある．また，地方債の問題点ゆえに，国税にはない地方税特有の租税原則（地方税原則）が求められることになる．

　この点を理解するために，まずは，借金をしなければならない理由如何にかかわらず，ひとたび「地方債を発行して借金をしてしまった」時に，将来，その借金を返せるか否かが（返せなければ，その団体は財政破綻となる），どのような要因に左右されるかを考えることから始めよう．

　ここでは，地方歳出は増加傾向にあり，および不況が深刻なほど借金の必要性が高まるとの常識的認識の下，不況状態を前提に議論を進めよう．また不況下では，一般に国の財政も赤字になることから，苦しい国の財政事情の下，国から地方への補助金が増加することも考え難いゆえに，補助金の増加もないものとしよう．

　この時，借金を返済し（地方債を償還し）財政状況を安定させるためには，例えば次の 3 つの状況のいずれか，あるいは 2 つ，3 つが少しずつでも同時に

生じなければならない.

① 借金に支えられて達成した支出によって供給される財・サービスが，その地域の経済を活性化して，景気が良くなり，人々の所得（給料など）等が増えて，税収入が増える.

② 借金することによって，借金しない場合よりも多くなった支出が，乗数効果によって，確実に企業の利益や人々の所得（給料など）を増やし，それによって税収入が増える.

③ ①②とはまったく別の何らかの要因で，景気が良くなり，人々の所得（給料など）等が増え，税収入が増える.

過去において，もっとも期待がかけられてきた要因は②である．しかし②にも大きな問題点がある（昨今は特にそれが問題となる可能性が高まっている）.

①は，例えば，地方公共団体が，借金したことによって，レジャー施設を建設することが可能となり，それを実施した場合に，その施設が，多くの観光客を集め，その地域の様々な企業の利益を増やすようなケースである.

③は，アメリカの景気が良くなり，アメリカの人々の所得が増え，たくさんのモノを外国から買うようになる．その結果，日本からの輸入がさらに大きくなって，日本の景気が上向くなどの例が考えられる.

しかし，①と③は，運を天に任せる，という面があり，生じない場合も多い．①が必ずうまくいくならば，過疎化が進む地域などなくなるはずである．財政破綻した夕張市はこれがうまくいかなかった例である.

では，②の意味を公共事業の増加を例に説明しよう．つまり「借金することによって，借金しない場合よりも多くなった支出」が，乗数効果によって，確実に，企業の利益や人々の所得（給料など）を増やし，それによって税収入が増える．ということを，「借金をして収入を得て，借金しない場合よりも多くなった支出」が公共事業への支出であった場合を例にして説明しよう.

乗数効果とは，図7-2のように，モノ（財・サービス）が購入されること

地方公共団体が銀行や国民からお金を借りて公共事業を行う.

公共事業の注文を受けた企業（事業を直接に受注した建設会社およびその会社に原材料を売っている会社なども含む）は利益を得て,社員の給料やボーナスをアップすることができる.また,人を新たに雇うことになる（失業者が減る）.その結果,社員や新しく雇われた人は,お金を手にすることができるので,いつもより高いものや多くのものを買ったりして,公共事業が行われなかった場合よりもお金を使う.

その結果,他の企業も,モノがいつもよりたくさん売れるようになり,商品をつくったり売ったりする人が新たに必要となる（失業者が減る）.したがって,いろいろな企業の利益があがっていくので,それにつれて個人の収入（給料やボーナス等）も上がっていく.

そのようにして収入が増えた分を,さらに人々が消費に向けて,その結果,さらにいろいろな企業やそこで働く人々の利益が増える.このような過程が繰り返される.

景気がどんどん良くなっていく.

景気がよくなると企業の利益が増え,個人の収入も増え,会社や個人の所得（利益）にかかる税金収入も以前より増えるし,ものが売れるようになるので,間接税収入も以前より増える.

借金した額よりも多くの税収入が政府に入ってくる.

図7-2

（財・サービスの需要）による企業や個人の利益の増大が波及していく効果のことである（詳細については,前章を参照）.

　そして,乗数効果が確実に生じれば生じるほど,人々の所得の増加が生じ,得られた所得の数パーセントに相当する額を徴収する住民税や,給与等を支

払った後に会社にさらに残った額の一定割合を徴収する事業税などの収入が増えることになる．つまり図7-2のようなプロセスがうまくいけば，その地方公共団体は，借金を返せる可能性が高まるのである．

　借金した地方公共団体が，その借金を将来返していけるかどうかは，乗数効果が生じるかどうかによるところが大きい．

　しかし，増加した公共事業の支出に，相当な乗数効果が生じたとしても，その支出を行った主体が，過疎地域の地方公共団体だったとしたら，乗数効果が生じているにもかかわらず，この地方公共団体の税収入はほとんど増加しない．なぜなら，波及の過程が，過疎地域の地方公共団体の管轄エリア内で生じる可能性が極めて低いからである．

　このことに対する理解を深めるために，もっとも明解なケースを示そう．ある小さな山間の村を想定しよう．この村には，若干の建設業者と老人介護施設，そして6学年がいっしょに一つの教室で授業を行っている学校，および商店が2，3だけあり，後は農家や公的機関があるのみである．またこの村の労働可能な人々は，（以下の点は現実には考え難いことだが，問題の本質を示すために）全員が村内で（農業等に従事するなどして）働いているか失業しているかのどちらかであるとしよう．

　今，この村の政府が，借金によって（地方債発行によって）政府支出を増加させた．増加した政府支出の使い道は，数少ない村内の建築業者に，公民館や福利厚生施設を建設してもらったり，村内の介護施設に老人介護を充実してもらうといったことに使った．この時点で，建築業者や介護施設は収入が増え，そこで働く人々の所得も増えた（もちろんそれに応じて雇用も増える）．しかし，収入が増え生活の糧や次のステップを踏むための財源を得た主体が，そこで得たお金を村内で使うとは限らない．このような小さな村の場合は，次のようになる可能性が高い．

　つまり，得られた収入を村内の商店等では使わず，村外の大都市のデパートで使う可能性が高い．また，公民館や福利厚生施設を受注した村内の建設業者

が，それをつくるための鉄筋やセメントなどの原材料を他の市町村の企業から購入しなければならない点にも注意が必要である．

　すなわち，政府支出の増加によって所得を増加させた村内の人々（あるいは企業）がそれを財源とした支出を村内で行わないために，村内での乗数効果は生じずに，その村の税収入の増加を期待できないのである．地方税はもちろんのこと，基本的に税金は，所得の一部を徴収するものなので，村内で相当の乗数効果が生じなければ，借金に相当するような額の税収入の増加は望めない．例としたような財政的に弱小な村では，地方債を発行した結果，それを返済できない可能性が高いのである．

　一般的に，大都市ではたいていのモノが手に入る傾向にある．たくさんの生産・販売の主体があるためである．小さな村では手に入らないものが，大都市にはある．したがって，小さな村に住む人々の増加した所得が，近隣の大都市で使われる可能性が極めて高い．すなわち，この時の乗数効果（波及効果）の恩恵は，小さな村ではなく，大都市に及ぶ可能性が高いのである．

　このような状況から，地方債に依存することには，常にリスクがつきまとうことがわかる．すなわち，人口が集中していて，乗数効果の恩恵を受けやすい地方公共団体はよいが，そうではない，過疎が進んでいるような地方公共団体は，地方債という借金を返済できない可能性が高いのである．

　国の財政の場合は，国が借金をして，支出を増加させた結果，乗数効果の恩恵を受ける地域と，受けない地域があり，ある地域では税収入が増加し，過疎地域などでは税収入がまったく増えない，という状況となったとしても，国に入ってくる税収入の状況には影響がないので，過疎地域が地方債という借金を増加させて支出を増やした場合に比べると，大きな打撃を受けることとはならない．

　このような地域経済の性格から，次の2つの地方税原則（地方税とはどうあるべきかを示すもの）が導き出される．その原則とは「普遍性の原則」と「安定性の原則」である．以下では，両原則の意味を説明しよう．

地域によっては，（つまり過疎地域等の）地方債の発行は，大変な財政赤字をもたらす可能性があるので，そのような地域は，地方債に依存すべきではない．そして，過疎地域等が地方債に依存しないで済むためには，過疎地域にも，人口が集まっている地域と大きく変わらないような税収入が入ってくる税金が望ましい．つまり，なるべく多くの税収入を得られる状況で，人口集中地域も過疎地域にも，なるべく格差のない収入が入ってくる地方税が望ましい．このような性格が地方税に対して求められることを，地方税の「普遍性の原則」という．

　さらに，過疎地域が地方債に依存しないで済むためには，不景気の時も，好景気の時も，税収入が，なるべくアップダウンせずに，安定していることが望ましい．なぜなら，道路や，河川整備あるいは，高齢化社会の進展とともに必要とされている老人ホーム等の必要性は，景気の良い悪いに応じて変わるものではないからである．その状況下，地方税収入がアップダウンするならば，当然，地方債に頼らなければならない可能性が高まる．しかし，すでに見たように，地方公共団体が地方債に依存することにはリスクが付きまとう．したがって，景気が変動する状況下，地方公共団体が地方債に依存することを回避するために，地方税には，景気の状況に応じて収入がアップダウンしない性格が国税以上に求められるのである．このように，景気の良い時も悪い時も，税収入が安定して入ってくるという性格が（国税以上に）地方税に求められることを，地方税の「安定性の原則」という．

参考文献
　上村敏之『コンパクト財政学』新世社　平成19年
　大川政三編『財政論』有斐閣　昭和53年
　小塩隆士『コア・テキスト財政学』新世社　平成14年
　神野直彦『財政学』有斐閣　平成14年
　厚生労働省編『厚生労働白書』各年版
　内閣府『令和3年版高齢社会白書（全体版）（PDF版）』
　　https://www8.cao.go.jp/kourei/whitepaper/w-2021/zenbun/03pdf_index.html

2022年 8 月31日閲覧

速水昇・小田幹雄編著『公共部門の経済活動と租税』学文社　平成19年

西村紀三郎『財政学新論（第 3 増補版)』税務経理協会　平成 6 年

矢野浩一郎『地方税財政制度（第 8 次改訂版)』学陽書房　平成21年

Ursula K. Hicks（1974）*Public Finance*, Nisbet & Co. Ltd., Cambrige at the University Press, 2nd ed., 1955.〔巽博一・肥後和夫共訳『U. K. ヒックス　新版　財政学』東洋経済新報社　昭和54年〕

索　引

【著者紹介】

青木　一郎（あおき　いちろう）

昭和40年6月4日生
平成6年　駒澤大学大学院経済学研究科博士後期課程
　　　　単位取得満期退学
同　　年　富士大学経済学部講師
平成30年　東北大学大学院経済学研究科経済経営専攻
　　　　博士課程単位取得満期退学
現　　在　明星大学経済学部教授

財　政　学〈改訂第3版〉

2011年4月25日　改訂第1版第1刷発行
2016年3月20日　改訂第2版第1刷発行
2023年3月20日　改訂第3版第1刷発行

著　者　青　木　一　郎
発行所　㈱　学　文　社
発行者　田　中　千　津　子

〒153-0064　東京都目黒区下目黒3-6-1
電話(03)3715-1501(代表)　振替 00130-9-98842
https://www.gakubunsha.com

落丁，乱丁本は，本社にてお取り替え致します。　　印刷／東光整版印刷㈱
定価は，カバーに表示してあります。　　　　　　　　　　〈検印省略〉

ISBN 978-4-7620-3229-5
©2023 Aoki Ichiro　Printed in Japan